世界と日本
がわかる
国ぐにの歴史

一冊でわかる
カナダ史

【監修】細川道久
Hosokawa Michihisa

河出書房新社

はじめに

多文化共生の先進国カナダの歩み

カナディアン・ロッキーやナイアガラの滝など、大自然あふれる広大なカナダ。そこには先住民や世界各地からの移民が暮らしています。さまざまな言語が話され、エスニックな料理や催《もよお》し物が街をにぎわせています。また、ケベック州などのフランス語圏もあり、英語が主流の北米社会のなかで異彩《いさい》を放《はな》っています。１９７１年、世界に先駆《さきが》けて「多文化主義」を国家の方針としたカナダは、多文化共生を押し進めてきました。カナダはどのような経緯で多民族・多言語・多文化社会になったのでしょうか。地域的にも民族的にも多様な社会を統合していくのにどのような課題があったのでしょうか。

本書は、先住民社会から植民地の時代を経て国家として発展を遂《と》げたカナダの歩みをえがいていますが、それは、諸外国との協調をはかることで世界での存在感を高めていく歴史であるとともに、多文化共生への試行錯誤《しこうさくご》の歴史でもありました。カナダの歴史を知ることで、今日のカナダ社会に対する理解が深まることを願ってやみません。

監修　細川道久

知って
びっくり！

カナダの4つのひみつ

初めてカナダ史にふれるあなたに、意外な事実を紹介します！

ひみつ1

北西部のほとんどが、企業の所有地だった!?

北米大陸の東海岸にはヨーロッパからの入植者が訪れ、英仏の植民地として国有化されていきます。一方、大陸の中部から西部にかけての大半の土地は、一企業が所有していたのです。

→くわしくは 86 ページへ

ひみつ2

大陸横断鉄道の資金不足は、反乱によって解決した!?

東海岸から西海岸までを一体化させるという目的のため、大陸横断鉄道の建設事業が進められていましたが、完成まであとひと息のところで資金不足になります。そんななか、先住民の反乱が起こり、結果的に追加資金が投入されるのです。

→くわしくは 123 ページへ

ひみつ3

国家として完全に独立したあとで、国内で独立しようとする動きが!?

古くはその大部分がフランスの植民地だった現在のケベック州には、カナダからの独立を主張する人々がいます。それを目指した政党が州議会で第1党となったこともあります。

→くわしくは 182 ページへ

ひみつ4

完全に独立できたのは、わずか40年ほど前だった!?

第二次世界大戦後に設立された国際連合や北大西洋条約機構（NATO）といった国際機関に属していながら、カナダは1980年代まで完全な主権を備えた国家ではありませんでした。

→くわしくは 185 ページへ

さあ、カナダ史をたどっていこう!

目次

はじめに　多文化共生の先進国カナダの歩み …… 3
カナダの４つのひみつ …… 4
プロローグ　さまざまな意外な一面を持つ国 …… 12

chapter 1 先住民の大地

先住民はユーラシア大陸から？ …… 16
シベリアと共通する文化 …… 17
日本でも知られる先住民の文化 …… 20
最初にやってきたヨーロッパ人 …… 24
カナダの偉人①
レイフ・エリクソン …… 28

chapter 2 探検と初期の開拓

〝インド〟と間違われた大陸 …… 30
北米で最初のイギリス領 …… 32
「カナダ」という地名 …… 34
「新しいフランス」の建設 …… 36
定住者を増やそう …… 40
植民を競い合う英仏 …… 43

ゆれ動く先住民社会……46
英仏の対立が激化……48
イギリスによる支配の確立……51
カナダの偉人② デガナウィダ……54

chapter 3 イギリスの植民地

争いの種となったケベック……56
アメリカ独立戦争の影響……57
政治難民が到来……60
同業他社との競合……63
太平洋側にも進出……64
追いつめられる先住民……65
イギリスに味方して戦う……67
イギリスから100万の移民……69
立て続けに両カナダで反乱……71
「連合カナダ」に再編……74
公用語は2種類……77
強まるアメリカとの結びつき……79
線路でつながる国境……82
カナダの偉人③ ローラ・シコード……84

〈オールド・モントリオール〉

第2の都市モントリオールの旧市街。レトロな建物が立ち並び、観光地にもなっている。ケベック州が歴史地区に指定している。

chapter 4 自治領の成立

まとまりのない植民地……86
アメリカへの強い警戒心……88
高まる統一への機運……89
南北戦争が後押しした団結……91
小さな島での合意……94
襲われた沿岸部の植民地……96
「王の統治・領土」……98
アメリカを教訓とした政治体制……100
カナダの偉人④
サンドフォード・フレミング……104

chapter 5 自治領としての歩み

領土が一気に広がる……106
〝郵便切手並〟の小さな州……109
負債を肩代わりして領土拡大……112
米英と交渉の席につく……113
資金提供で政権交代……116
国内産業を育てよう……118
苦難続きの鉄道敷設……119
帰ってきた反逆者……121
国土の東西が結ばれる……124
初めてのフランス系首相……126
英米の間で綱渡り……128
移民の多様化と差別……130

日系移民のはじまり……132
地域ごとに産業が発展……135
カナダ文化の広がり……138
イギリスのための海軍？……140
大戦で予想外の犠牲……142
戦争がもたらした変化……144
事実上の独立を果たす……147
馬に自動車を引かせる……151
進んで二度目の大戦に参加……153
戦時下の国内状況……155
カナダの偉人⑤
フレデリック・バンティング……160

chapter 6 先進国の一員として

「カナダ国民」の明文化……162
〝最初の〟植民地の編入……163
冷戦体制のなかで……165
スエズ戦争とイギリス離れ……167
アメリカとも距離を置く……169
国民の医療費負担は〝ゼロ〟……171
広がる国際交流……174
多文化主義の導入……176
日系移民の地位向上……179
独立を唱えるケベック……182
古くて新しい憲法……184
先住民との関係改善……187

変化する対外関係 …………… 189
政府と各州の対立 …………… 192
世界のなかのカナダ人 ………… 195
共生と未来への課題 …………… 196
カナダの偉人⑥ テリー・フォックス 199
カナダ社会の移り変わり ………… 202
カナダの植民地・州の移り変わり 203

ひみつコラム
カナダで盛んなスポーツ ………… 158
カナダの国旗と国歌 …………… 200

<「ザ・フェイマス・ファイブ」の銅像>

オタワの国会議事堂（センター・ブロック）の敷地内に設置されている、女性の権利拡大のために立ち上がった５人の女性の像。

プロローグ

さまざまな意外な一面を持つ国

　ホットケーキを食べる際、メープルシロップをかけて食べていないでしょうか。日本で流通しているメープルシロップのほとんどはカナダ産です。そのほかでは、雄大な自然とそこに生きる動物、オーロラが輝《かがや》く北極圏の雪原、小説『赤毛のアン』の舞台……これらが私たちの持つカナダの主なイメージではないでしょうか。

　意外なところでは、映画『ターミネーター』シリーズ、『タイタニック』など数々のヒット作を生み出した映画監督のジェームズ・キャメロン、ポップミュージシャンのジャスティン・ビーバーはカナダ生まれです。私たちが知らないだけで、アメリカを拠点《きょてん》に活動する著名人のなかには、カナダ出身の人物が多くいるのです。

　そんなカナダを地図で見てみると〝広い〟というイメージを抱《いだ》くことでしょう。それもそのはず、国土はロシアに次いで世界で2番の広さです。南北約4600キロメートル、東西約5500キロメートルもあり、面積は日本の約27倍にもなります。日本の標準時子午線《しごせん》が1つ（兵庫県明石市《あかしし》など）なのに対し、カナダは6つもあるのです。その

カナダの領土

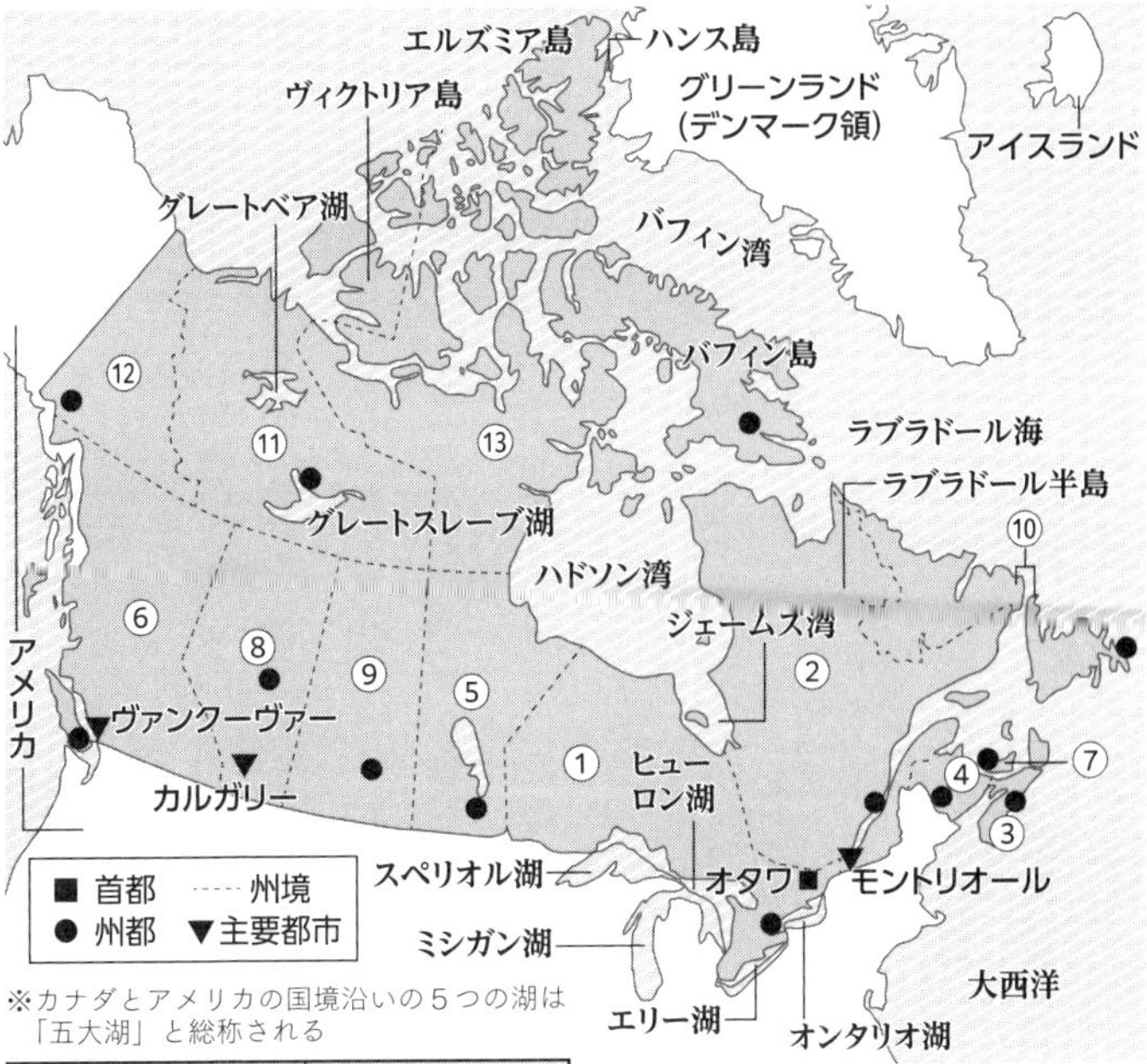

※カナダとアメリカの国境沿いの５つの湖は「五大湖」と総称される

州・準州	州都
①オンタリオ州	トロント
②ケベック州	ケベック・シティ
③ノヴァスコシア州	ハリファクス
④ニューブランズウィック州	フレデリクトン
⑤マニトバ州	ウィニペグ
⑥ブリティッシュ・コロンビア州	ヴィクトリア
⑦プリンスエドワード島州	シャーロットタウン

州・準州	州都
⑧アルバータ州	エドモントン
⑨サスカチュワン州	レジャイナ
⑩ニューファンドランド・ラブラドール州	セント・ジョンズ
⑪ノースウェスト準州	イエローナイフ
⑫ユーコン準州	ホワイトホース
⑬ヌナブト準州	イカルイト

総面積　約999万㎢
総人口　約3700万人

※外務省ホームページ（2023年9月時点）の情報にもとづく

反面、人口密度の低さは世界3位（1平方キロメートルあたり4人）で、国土1位のロシア、3位のアメリカより下です（各準州とも人口は5万人未満）。ただし、年間40万人以上もの移民を世界各地から受け入れており、2022年の人口増加率2・7％は主要国首脳会議のメンバー（G7）内で1位です。2022年度の国内総生産（GDP）は世界8位（日本は3位）で、輸出入ともに日本と深い関係にあります。

また、カナダ（漢字表記は加奈陀《かなだ》）には〝国王〟がいると聞いておどろく人もいるのではないでしょうか。とはいえ、その国王はカナダにいません。大西洋を隔《へだ》てた島国であるイギリスの国王がカナダの国家元首を兼《か》ねているのです。そしてアメリカと同様、英語圏であり、近年は留学先としてアメリカを上回る人気ぶりです。とはいえ、英語だけでなく、フランス語も公用語です。この背景には、イギリス、フランスが、〝カナダ〟という国家に深く関わっています。

このように、複数の意外な面を持つカナダという国家が成立するまでには、長い道のりがありました。それを知るために、1万数千年前のベーリング海峡《かいきょう》を渡って北米大陸に人類が到達したときからの話をしていきましょう。

chapter 1

先住民の大地

先住民はユーラシア大陸から？

人類の祖先は700万年以上前のアフリカ大陸で誕生し、時間の経過とともにほかの地域へも移動していきました。ヨーロッパやアジアの各地では約100万～50万年前から人類が定住していた痕跡《こんせき》がみられますが、南北アメリカ大陸に人類が到達したのはそれよりずっと遅い、約1万8000～1万4000年前と推定されています。

カナダを含む南北アメリカ大陸の先住民（ネイティブ・アメリカン）は骨格や髪質《かみしつ》、皮膚《ひふ》の特徴から、日本人や中国人、モンゴル人、ロシアのシベリア東部の先住民などと同じく東アジア系の人種（モンゴロイド）に分類されます。

氷河期の最終段階（最終氷期）にあたる約2万～1万年前は現在よりも海水面が大幅に低く、アラスカの西端とロシアの東端の間にあるベーリング海峡は陸続きでした。この時期にシベリア東部にいた人々が北米大陸へと渡り、そうして南北アメリカ大陸の先住民になったというのです。ただし、この説は有力とされていますが、それを裏づける確かな証拠《しょうこ》は見つかっていません。

アメリカのニューメキシコ州東部に位置する都市クローヴィスなどでは、約1万〜8000年前の石器（槍《やり》の先端部）が発見されています。これが、北米における最古の文明の痕跡でクローヴィス文化と呼ばれます。当時の先住民の多くは、狩猟《しゅりょう》生活を送り、マンモスやバイソン（バッファロー）といった大型の動物を狩っていたと考えられています。

南北アメリカ大陸はほかの大陸とほとんど交流を持たないまま、15世紀までに独自の文明が形づくられていきます。ほかの地域との違いを挙げると、たとえば、金属の鋳造《ちゅうぞう》技術はなく、刀剣のような武器はあまり使われていませんでした。また、アジアやヨーロッパで移動手段として古代から使役していた馬は生息しておらず、車輪のある乗り物もつくられませんでした。このため、離れた地域同士の交流は少なく、小さな部族集団が点在しているだけで、北米大陸では強大な国家が形成されませんでした。

シベリアと共通する文化

広大な北米大陸は地域によって地形や気候が大きく異なり、カナダとその近隣《きんりん》は大ま

カナダの自然環境

かに6種類の自然環境に分類できます。

まず、年間を通じて雪と氷に覆《おお》われ気温がつねに10℃未満の「極北《きょくほく》圏」、同じく寒冷でも夏季には気温が20℃ぐらいまで上昇する「亜極北圏《あきょくほくけん》」、太平洋に面した「北西海岸」、ロッキー山脈を中心とした山地が広がる「高原地帯」、中西部の「平原地帯」、そして五大湖の周辺を含む東部の「森林地帯」です。約5000年前にはこうした地域ごとに異なる生活スタイルが確立されました。それらの一部は15世紀末にヨーロッパ人が到来して以降も絶えることなく、現代まで引き継がれていくことになります。ここからはそれぞれの地域の先住民を通してその特徴を見ていきましょう。

まずは極北圏からです。極北圏の先住民の多くはトナカイ（カリブー）、アザラシなどを捕獲《ほかく》する狩猟民で、主に家族単位の小さな集団で行動しました。大きな植物が少ない地域なので、住居や衣類、針、刃物といった日用品には、獣《けもの》の革《かわ》や骨を利用し、冬期は雪をレンガのように固めて積み上げたイグルーに居住します。これらの人々は「イヌイット」と呼ばれ、現地の言葉で「人間」を意味します。1980年代までは「エスキモー」と呼ばれていましたが、この呼称は白人による「生肉を食べる人」という偏見《へんけん》がもとになっていたことから、現在は公式な場ではイヌイットという呼称が定着しています。

イヌイットの言語や文化はほかの地域の先住民と大きく異なります。そのため、ほかの先住民よりも遅い、約4000〜3000年前にシベリア東部か

ら移ってきたと推定されています。実際、現在もロシア国内に住むシベリア極東の一部の住民はイヌイットと同様の狩猟生活を営み、言語もイヌイットと共通の要素が確認できます。

亜極北圏の人々も主に狩猟民で、トナカイ、ウサギ、ビーバーなどを捕獲して暮らしていました。部族のようなグループは存在しましたが、基本的に家族単位の小さな集団で行動し、獲物《えもの》を求めて移動しながらテントで生活を送っていました。カナダといえばアメリカとの間にまたがる五大湖が有名ですが、じつは世界で最も多くの湖が存在し、その数は300万にものぼります。そのなかでも亜北極圏のノースウェスト準州には、カナダ最大の湖で淡水湖《たんすいこ》のグレートベア湖（琵琶《びわ》湖の約47倍）が位置しており、その名からもわかるとおり、周辺には多数のクマ（グリズリー）が生息しています。

日本でも知られる先住民の文化

北西海岸の人々は主にサケ、マスといった魚介類を捕《と》る漁民でした。この地域の海岸山地にはスギ類の大木が生い茂《おいしげ》り、人々は木造の住居に住んでいました。部族ごとの身分制度が存在し、族長とその一族のもとに、平民、奴隷《どれい》といった階層が存在しました。

同地の先住民の特徴的な習俗の1つが、一族の象徴として村落に置かれる彫刻《ちょうこく》のトーテムポールです。トーテムは一族の先祖と結びついた存在とみなされ、クマ、ウミガメ、ビーバー、鳥、魚など多様な生き物が題材にされます。日本では1950〜1960年代に、各地の小中学校の敷地内で木製電柱の廃材を利用したトーテムポールをつくることが流行しました。一部の学校には今もトーテムポールが残されています。

ほかにも、族長が自身の力を誇示《こじ》するため、ほかの部族を招いて豪華な宴会《えんかい》を開いたり、

高価な贈り物をしたりする「ポトラッチ」という習俗もありましたが、のちに入植したヨーロッパ人が財産の浪費《ろうひ》として問題視したため、現在ではすたれています。

高原地帯の人々は主に猟犬と弓矢を使用して、クマやシカ、キツネ、ビーバーなどを狩猟したほか、ロッキー山脈周辺の河川に海から遡上《そじょう》してきたサケを食料源にしていました。北西海岸と同じく豊富な森林資源を利用した木造の家屋に数世帯がともに暮らし、季節によってはテント生活を送り、半地下の家屋にも住んでいました。

平原地帯は乾燥した気候です。この地の人々はテントで暮らし、バイソンを求めて移動する生活が一般的でした。のちにヨーロッパ人と接触して以降は、彼らに居住地を奪われたり、影響を受けて生活スタイルが変化したりしたことで、現在では定住者が増えています。このことは2章以降でふれていきます。

干した肉や果実をバイソンの油脂《ゆし》で固めたペミカンは、同地の先住民の伝統的な保存食として知られ、タンパク質、ビタミン、脂肪《しぼう》分が豊富に含まれています。捕獲したバイソンは食用としてだけでなく、毛皮、骨、油脂は衣類や日用品の材料にされます。これらの人々の居住範囲は現在のカナダからアメリカ中西部にまたがります。羽根かざりのついた冠《かんむり》はこの地域の先住民の伝統的なファッションで、西部劇（アメリカの西部開拓《かいたく》時代を舞台とした映画）などで目にしたことがあるかもしれません。

北東部は日本と同じような温暖湿潤《しつじゅん》気候です。狩猟を生業《なりわい》とする部族もいますが、1世紀ごろから農業が発達し、トウモロコシやカボチャ、インゲン豆などが栽培《さいばい》されるようになります。狩猟民は獲物を追って移動生活を送りますが、農耕民は定住し、木造の横長な住居（ロングハウス）に複数の世帯が同居していました。建物の横幅は数十メートルにおよぶ場合もあります。この地域では、多数の先住民が集まってバガタウェイと呼ばれる大規模な競技を行っており、それをもとに考案されたのが球技のラクロスです（くわしくは158ページ参照）。

群島地帯となっている北東部沿岸の人々は春から秋にかけてはタラ、カレイ、ロブスターなどの魚介類を、冬はカヌーで移動しながらトナカイやビーバーなどを捕獲し、食料にしたほか、その毛皮などは日常生活に利用されました。この地域の人々は、現在のカナダにあたる地域の先住民のなかでは、最も早くヨーロッパ人と接触することになります。

最初にやってきたヨーロッパ人

南北アメリカ大陸にヨーロッパ人が本格的に入植を開始するのは、紀元１４９２年にジェノヴァ共和国（現在のイタリア半島北西部に存在した国家）出身のクリストファー・コロンブスが訪れて以降のことです。しかし、じつはそれに先立つ紀元１０００年ごろ、すでにヴァイキングがカナダに到達していました。ヴァイキングとは、８～11世紀のスカンジナヴィア半島やユトランド（ユラン）半島一帯にいたゲルマン人の集団です。彼らの一部はヨーロッパ各地で海賊行為《かいぞくこうい》をはたらき、９世紀後半には北大西洋に浮かぶ島、アイスランドに居住地を築きます。

ヴァイキングの戦士であるエイリーク（通称「赤毛のエイリーク」）は、一説によれば９８２年ごろに殺人の罪《つみ》に

そのころ、日本では？

平安時代中期にあたる969年、時の左大臣である源高明《たかあきら》が陰謀《いんぼう》をくわだてているとして左遷《させん》され、失脚《しっきゃく》しました。このできごとを安和《あんな》の変といい、藤原氏が関与していたとされています。これ以降、朝廷では藤原氏の権力がさらに増大し、1016年には藤原道長が摂政《せっしょう》になりました。

ヴァイキングの航路（推定）

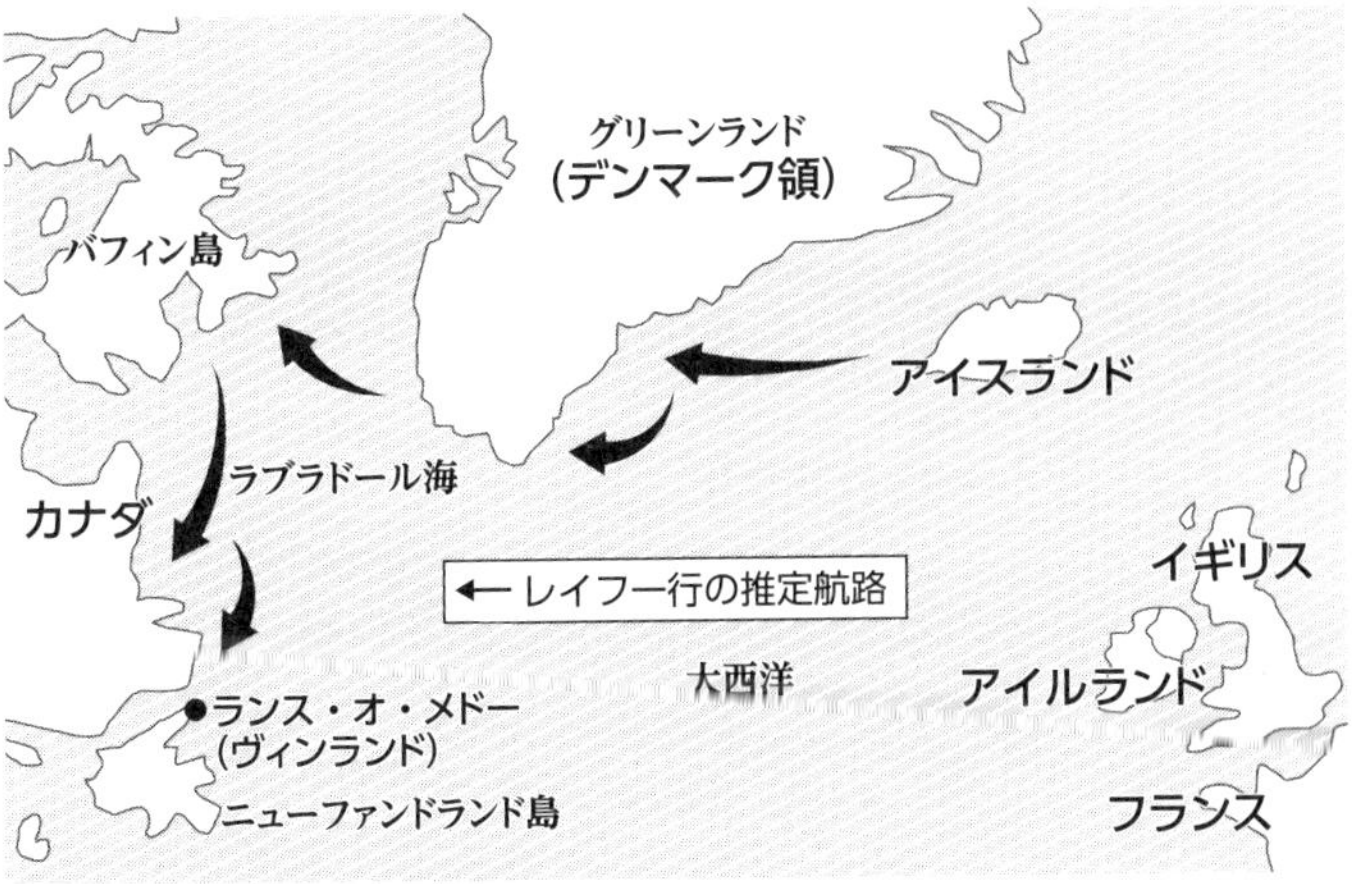

よりアイスランドから追放されると、船で西方へ向かい、無人の島にたどり着きます。エイリークは同地を「グリーンランド」と名づけ、多数の植民者を招き入れました。十数年後、エイリークの息子のレイフがさらに西方へと探検し、現在のカナダ東部のニューファンドランドにあたる地域に上陸します。

北欧から北米大陸へ到達するのは大西洋を横断する大航海と思われるかもしれませんが、ヴァイキングは島伝いに移動したと推測されます。アイスランドからグリーンランドまでの距離は約500キロメートルです。さらにグリーンランドの南端から二ユーファンドランド島までは約１000キロメートルで、東京から福岡市までの距離と同じぐらいです。

レイフらが上陸した地を「ヴィンランド」と名づけたことが文献《ぶんけん》からわかっており、ヴィンが「草原」や「ぶどう」を意味することから、一帯がそのような植生だったとも推測されています。

ヴィンランドには１００人を超えるヴァイキングが移住して集落や農場を築いたと考えられています。しかし、先住民との衝突《しょうとつ》や継続的な物資の補給が困難なことから、数年で

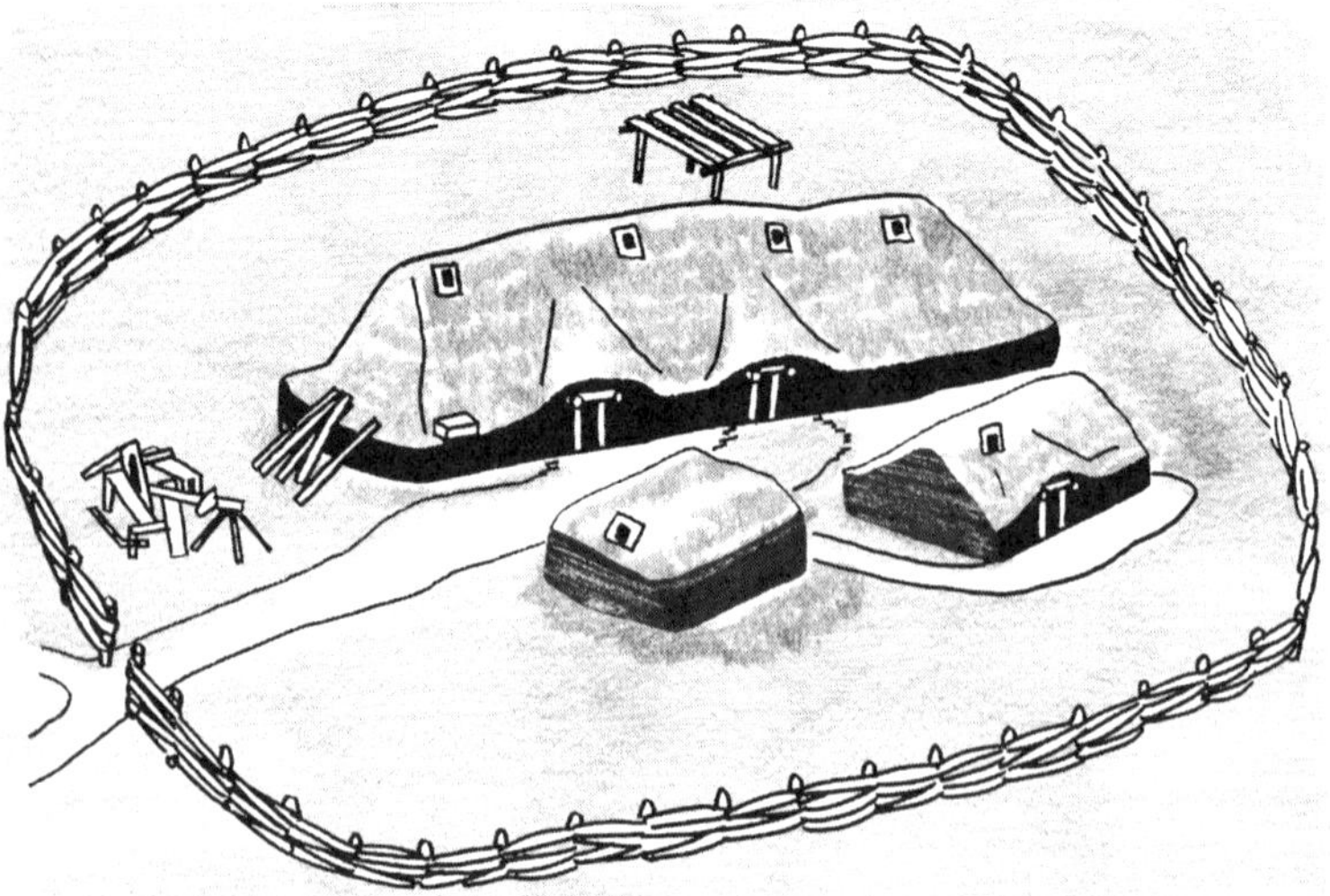

入植地は放棄《ほうき》されました。先述のヨーロッパ人と最も早く接触した先住民というのは、北東部沿岸で生活していた人々のことです。

ニューファンドランドの北部にはヴァイキングの入植地の遺跡である「ランス・オ・メドー」があり、1978年に国連教育科学文化機関（ユネスコ）の世界文化遺産に登録されています。先住民の遺跡と明らかに異なる点として、この遺跡には鉄器の鍛冶場《かじば》が確認されています。

また、2010年に発表されたアイスランド大学とスペイン科学研究高等会議の共同研究において、現代のアイスランド人4家系のDNAより、通常であればアメリカ大陸の先住民か東アジア系にしか見られない特徴が発見されたことから、ヴァイキングの一部が北米大陸の先住民と交わり、その子孫がアイスランドに渡った可能性も指摘《してき》されています。

知れば知るほどおもしろいカナダの偉人❶

最初に訪れたヨーロッパ人

レイフ・エリクソン

Leif Erikson

（970年代～1025年ごろ）

偶然にも新大陸に到達する

ヴァイキングの戦士エイリーク・ソルヴァルズソン（赤毛のエイリーク）の子として生まれ、青年期はノルウェー国王オーラヴ1世に仕えました。

オーラヴ1世からグリーンランドにキリスト教を広めることを命じられ、990～1000年ごろ航海に出発して、偶然にも未知の土地にたどり着きました。その場所は現在のバフィン島から、ニューファンドランド島周辺と推定されています。レイフは自生している樹木から、同地を「草原の地」を意味する「ヴィンランド」と名づけ（諸説あり）、仲間とともに家屋を築いて越冬したのち、グリーンランドへもどりました。

その後、レイフの一族のトルステンらによってヴィンランドへの入植や、先住民との交易が本格的に行われようとしましたが、先住民らとの争いが起こり、10年余りで入植地は放棄されました。

chapter 2

探検と初期の開拓

〝インド〟と間違われた大陸

エイリークの一族が北米の入植地を放棄したのち、ヨーロッパでは中東への軍事遠征と聖地巡礼を兼ねた十字軍運動をきっかけに、東方との交易路が発達します。ただ、地中海の通商網《つうしょうもう》は中東のイスラーム商人が押さえており、彼らを仲介して絹《きぬ》、紙、香辛料、陶磁器といったアジアの産品を購入するのは割高でした。そこでヨーロッパの王侯貴族は、インド以東のアジアの国々とじかに貿易がしたいと考えるようになります。

15世紀になると、ヨーロッパでは造船技術が向上し、遠洋航海が可能な大型の帆船《はんせん》がつくられます。すると、大西洋に面するスペイン王国、ポルトガル王国、イングランド王国（現在のイギリスの構成国）、そしてフランス王国などは、それぞれインドに至る航路を独自に模索《もさく》します。いわゆる大航海時代の到来です。ジェノヴァ共和国出身の航海者であるクリストファー・コロンブスは、スペイン王室の支援のもと船団を率い、1492年に大西洋を横断してカリブ海に浮かぶバハマ諸島に到達しました。

翌年に帰国したコロンブスを筆頭《ひっとう》に、ヨーロッパ人は到達した地域を〝インド〟だと思い込んでいました。その認識を正したのが、フィレンツェ共和国（現在のイタリア半島中部に存在した国家）出身の探検家アメリゴ・ヴェスプッチです。16世紀はじめ、ヴェスプッチが南北アメリカ大陸の沿岸を調査してその結果を発表したことをきっかけに南北アメリカ大陸はインドではなく別の大陸だと判明し、のちに彼の名から〝アメリカ〟という地域名が定着します。

そうはいっても、18世紀まで実際のインドは「東インド」、南北アメリカ大陸は「西インド」と呼称され、その影響でアメリカ大陸の先住民は20世紀中ごろまで「インディアン（インディオ）」と呼ばれました。なお、実際のインド出身者との混同を避けるため、現在ではインディアンという呼称はほぼ使われておらず、カナダでは、「ファースト・ネーションズ」と呼ばれることが多くなっています。

そのころ、日本では？

応仁の乱によって室町幕府の権威が衰えると、各地で有力者同士が争う戦国時代の幕が開きます。その先駆けとなった伊勢新九郎盛時《いせしんくろうもりとき》（北条早雲《ほうじょうそううん》）は、関東における幕府の出先機関で、現在の静岡県伊豆《いず》の国《くに》市に本拠《ほんきょ》があった堀越《ほりごえ》公方《くぼう》を1493年に攻め、滅ぼしてしまいました。

北米で最初のイギリス領

いち早く大西洋に進出したスペインとポルトガルは、カリブ海と南米大陸を中心に勢力圏を広げます。少し遅れて新大陸へと向かったイングランドとフランスは先述の2カ国との衝突を避けるため、主に北米大陸の探索と開拓を進めます。

当時のイングランドでは、1485年に即位したヘンリ7世が権力を固めていました(ヴァロワ朝)。そのヘンリ7世の命令のもと、ジェノヴァ出身の航海者ジョン・カボットは大西洋に乗り出し、1497年に現在のカナダ東部に上陸します。カボットは翌年、北米大陸の東海岸からグリーンランド、北極圏を調査したのち帰国します。この段階ではカボットも上陸地をアジアの一部と考えていました。1502年ごろから、カボットの上陸地はイングランドの公文書で「ニューファンドランド」(Newfoundland)と記されるようになりました。文字どおり「新たに発見された地」という意味です。

ニューファンドランドの近海は魚のタラが豊富だったので、イングランドから多数の漁船がやってきて、「グランド・バンクス」と呼ばれる一大漁場になります。当時のヨーロッパは人口増加により食料の消費量が増え、加えてカトリック（キリスト教の宗派の1つ）は戒律《かいりつ》で年間合計153日間は肉類を食べない日を定めていることから、代わりに魚類が食されました。とくにタラは塩漬《しおづ》けにすれば保存が利くので需要が高く、「海のビーフ」とも呼ばれました。

　このグランド・バンクスにフランスやスペインなどの他国の船団も次々と押し寄せたため、イングランド人との間で衝突が多発します。そこで、時のイングランド王エリザベス1世の許可を得て軍人のハンフリー・ギルバートが北米に渡り、1583年にニューファンドランドの領有を国内外に宣言しました。これは南北アメリカ大陸における、イングランド（のちのイギリス）の最初の植民地です。その後、イングランド人の航海者ヘンリー・ハドソンが、現在のヌナブト準州、マニトバ州、オンタリオ州な

イギリス初の植民地

どハドソン湾《わん》沿岸を探検しました。ハドソン湾とハドソン川は彼の名に由来します。

もっとも、イングランド領となっても移民はなかなか進まず、定期的に漁船が往来するだけの状況がしばらく続きます。亜寒帯に属するニューファンドランドは冬季の最低気温がマイナス20℃にもなることもあり、定住には不向きと思われていたのです。それでも、1610年にはイングランドの商人の共同出資によってニューファンドランドの開拓を行うロンドン・アンド・ブリストル会社が設立され、軍人で下院議員のジョン・ガイが初代の総督《そうとく》（植民地の長官）として赴任《ふにん》しました。以降、現在の州都にあたるセント・ジョンズ周辺には少しずつ移住者が増えていきます。

「カナダ」という地名

イングランドの進出から少し遅れて、フランスも進出を開始します。時の国王フランソワ1世の命令によって、フィレンツェ共和国出身の航海者ジョヴァンニ・ダ・ヴェラッツァーノが派遣され、1524年に現在のカナダ東部からアメリカのフロリダ州の沿岸を探索しました。フランス人の航海者ジャック・カルティエがこれを引き継ぎ、15

34年4月から現在のプリンスエドワード島、セントローレンス湾などを探索します。同年7月には現在のケベック州の南東端に位置するガスペ半島に上陸し、同地をフランスが領有することを宣言しました。

カルティエは現地の先住民であるイロコイ族と接触し、彼らの言葉で「集落」を意味する「カナタ」という語句から、この地域全体を「カナダ」と呼ぶようになりました。さらにセントローレンス川流域の探検を進め、セントローレンス川とオタワ川が合流する場所にある山を「モン・ロワイヤル」（王の山）と命名しました。これが後年にケベック州の中心地となり、現在では同州最大の都市であるモントリオール（フランス語では「モンレアル」）の由来です。

探検の過程でカルティエがイロコイ族から伝えられたものは少なくありません。その代表格が、甘い樹液の出るサトウカエデ（英語での呼称は「シュガーメープル」）とい

う樹木です。18世紀に入ると、開拓移民によって樹液を煮詰《につ》める小屋（シュガーハウス）が次々とつくられ、樹液を濃縮したメープルシロップはカナダを代表する産品となっていきます。現代でも例年3～4月の雪解けの時期になると、各地でメープルシロップの収穫祭《しゅうかくさい》が盛大に行われています。

カルティエは、北米からすぐにアジアにたどり着ける航路があると考えて探索のかたわら、イロコイ族の伝承にある黄金の豊富な土地も探りましたが、いずれも成果はなく、1542年にフランスへ帰国しました。

これに前後して、フランソワ1世に仕える軍人のジャン・フランソワ・デ・ロベルヴァルが、カルティエの案内によって移民団とともに北米大陸に上陸します。しかし、冬期の寒さに耐《た》えられず、1543年にロベルヴァルらも帰国しました。

「新しいフランス」の建設

16世紀のヨーロッパでは、カトリック教会に反発する新教徒（キリスト教の一派。プロテスタント）による改革の動き（宗教改革）が広まります。フランスでもこの動きは活発化し、主に貴族と大商人がカトリック支持者とユグノー（新教徒の一派）支持者とに分かれて争い、内紛《ないふん》にまで発展しました（ユグノー戦争）。このため、海外進出に割けるだけの国力の余裕《よゆう》はなく、北米大陸への植民と開拓はなかなか進みませんでした。

1589年にはそれまでの王朝であるヴァロア朝が断絶し、新たに王となったアンリ4世のもとでブルボン朝が創始されます。アンリ4世はユグノーでしたが、カトリックに改宗して国内外のカトリック勢力の支持を集めたうえ、ユグノーに信仰の自由を認めました。こうして内政を安定させたのち、海外進出を本格化させます。

同時期のフランスの上流階級では、北米大陸で捕獲されたビーバーの毛皮を使った帽子《ぼうし》や手袋、コートなどの需要が拡大していました。16世紀末になり、王室から毛皮取引

フランス初の植民地

の独占権を認める特許状を得た商人が次々と北米大陸におもむくと、みずからビーバーを狩り、また先住民から毛皮を買い取りました。

1603年には、アンリ4世に仕える軍人で地理学者のサミュエル・ド・シャンプランが、北米大陸の各地を調査します。有力貴族のピエール・ド・モンがアンリ4世から国王代理としてカナダの北緯40～46度の地域を支配する権限を与えられると、1604年にシャンプランとド・モンは北米大陸に向かいました。

到着した2人は現在のノヴァスコシア州のアナポリス渓谷《けいこく》に、フランスにとって初となるポール・ロワイヤル植民地を建設します。彼らが開拓を進めた現在のノヴァスコシア州、ニューブランズウィック州の一帯は「アカディア」と呼ばれます。これは、ギリシャ語で「理想郷《りそうきょう》」を意味するアルカディアに由来するといわれます。

アカディアより西方のセントローレンス川流域では、1608年にシャンプランによってアビタシオンと呼ばれる建物がつくられ、毛皮交易所が設置されました。これが「ヌーヴェル・フランス」（新しいフランス）の核となる「ケベック・シティ」のはじまりです。ケベックは、先住民の言葉で「川が狭《せま》くなっているところ」を意味します。なお、ヌーヴェル・フランスは、北米大陸のフランス領全体を指す場合もありますが、本書では、現在のケベック州とオンタリオ州の一帯を指す言葉として使っています。

このケベック・シティはイングランド軍との戦闘に備えて城壁《じょうへき》で囲まれ、北米大陸で唯一の城郭《じょうかく》都市とされます。現在でも、17〜18世紀のフランスの雰囲気を保つ教会や要塞《ようさい》、総督の邸宅《ていたく》といった建築物が数多く残っていることから、1985年に「ケベック歴史地区」（改称して現在は「ケベック旧市街の歴史地区」）として街の一角がユネスコの世界文化遺産に登録されました。

着々と植民地がつくられましたが、当時のフランス王家は移民を増やして開拓を進めるのに消極的でした。気候が寒冷で農業には向かないうえ、ビーバーの毛皮以外に主要な産品がなかったことから、採算が取れないと考えていたからです。カトリック教会が新教徒の移民を認めなかったことも、移民が増えなかった一因です。

ところが、国王ルイ13世のもとで宰相《さいしょう》を務めるリシュリューが国政を一変させ、フランスを強国にする一環として北米大陸での勢力拡大をはかろうとします。１６２７年にはリシュリューの指導によって、貴族、大商人、聖職者らが共同出資するヌーヴェル・フランス会社（百人《ひゃくにん》会社）が設立されました。この会社は北米大陸での毛皮取引の独占権を国から与えられると、漁師や毛皮商人だけでなく、カトリック修道会の一派であるイエズス会の宣教師を北米大陸に送り込み、先住民への布教を押し進めます。

定住者を増やそう

17世紀の中南米では、移住したヨーロッパ人によって、タバコや、砂糖の原料となるサトウキビといった商品作物の大規模農場（プランテーション）がつくられていきます。スペインが中南米の先住民を奴隷として使役し、採掘《さいくつ》した金銀は、イングランドやフランスなど各国に流入し、その財力によってアジア諸国との貿易が活発になります。

このころフランスでは国王が代替わりし、ルイ13世の子であるルイ14世が王位にありました。そのもとで財務大臣・海軍大臣を務めるコルベールは、商工業と貿易の振興、植民地からの収入の拡大に力を入れる、いわゆる重商主義を押し進めます。まずは、赤字経営が続いていたヌーヴェル・フランス会社は廃止され、ヌーヴェル・フランスは1663年に国王直属の植民地とされました。

初期のヌーヴェル・フランス開拓に大きく貢献《こうけん》したのが、植民地の初代行政長官に任命された軍人のジャン・タロンです。開墾《かいこん》を進めて農業生産を向上させつつ、毛皮商人を北米の広い範囲に送り込み、ミンシッピ川流域を探検させました。ところが、ヌーヴェル・フランス総督のクルーセルと開拓方針をめぐって対立し、フランスに帰国します。現在のモントリオール市内には彼の名を冠《かん》した生鮮食品市場のマルシェ・ジャン・タロンがありますが、これは1933年に開かれたもので、肉や野菜などカナダ屈指の豊富な品ぞろえで知られています。

1672年に総督として着任したフロンテナク伯《はく》ルイ・ド・ブアドは、複数の軍事拠点を築いて防備を強化し、先住民やイギリス軍とたびたび衝突しながらもヌーヴェル・フランスを守りました。ほかにも、司教として着任したフランソワ・ド・ラヴァルはヌーヴェル・フランスの教会組織を整備し、領民（現地では「アビタン」と呼ばれた）の間にカトリック信仰を定着させますが政治にも介入し、総督らとしばしば対立しました。

当時、カナダにやって来るフランス人はセントローレンス川の流域に沿って内陸部へと活動の場を広げていました。しかし、その大部分は毛皮商人で、ビーバーの毛皮を求めて移動生活を送っていました。そのため、ケベック・シティ一帯の人口は約2500人しかおらず、もしも先住民やイングランド人との衝突が起こった場合、防衛するだけの人手が十分とはいえませんでした。実際、毛皮取引の利権をめぐってイングランド人とフランス人はたびたび衝突しており、1629年にはイングランドによってケベック・シティが占領され、交渉を経て3年後にフランスへ返還されています。

そこでコルベールは農業に従事するための移民を送り込み、定住者を増やそうとします。初期の開拓民は男性ばかりでしたが、ヌーヴェル・フランスが国王直属になった直後には「国王の娘」と呼ばれる数百人の独身女性が移住します。その出身地域や身分は多様で、パリの貧困層の女性が大半を占めたほか、一定の財産がある階層の女性もいました。以降のヌーヴェル・フランスでは移民した者同士が結婚して家庭をつくり、現地で生まれた新しい世代が育っていきます。

国家主導で開拓が進められたヌーヴェル・フランスは、しだいに本国と同じように領主が領民を支配する体制が定着していきます。一方、同じフランスの植民地でも、主に民間によって開拓が進められたアカディアは、フランス本国のような貴族や平民といった身分差はあまり意識されず、比較的に平等な社会が築かれていました。

植民を競い合う英仏

イングランド王エリザベス1世が死去したのち、後《あと》を継いだのはエリザベス1世の遠《とお》縁《えん》にあたり、スコットランド王だったジェームズ6世（イングランド王としての名はジェームズ1世）です。これにより、両国は同じ王を戴《いただ》く国家となります。

16世紀のイングランドでは、カーリックから分離したイングランド国教会（英国国教会）が成立し、国王がそのトップを務めていました。当時国王だったジェームズ1世はイングランド国教会ではない、ピューリタン（清教徒《せいきょうと》）と呼ばれる新教徒の一派を弾圧します。ピューリタンの一部は弾圧から逃《のが》れるため、1620年11月に北米大陸に渡り、プリマス（現在のアメリカのマサチューセッツ州の都市）に移住しました。彼らは

イングランドからの新たな移民

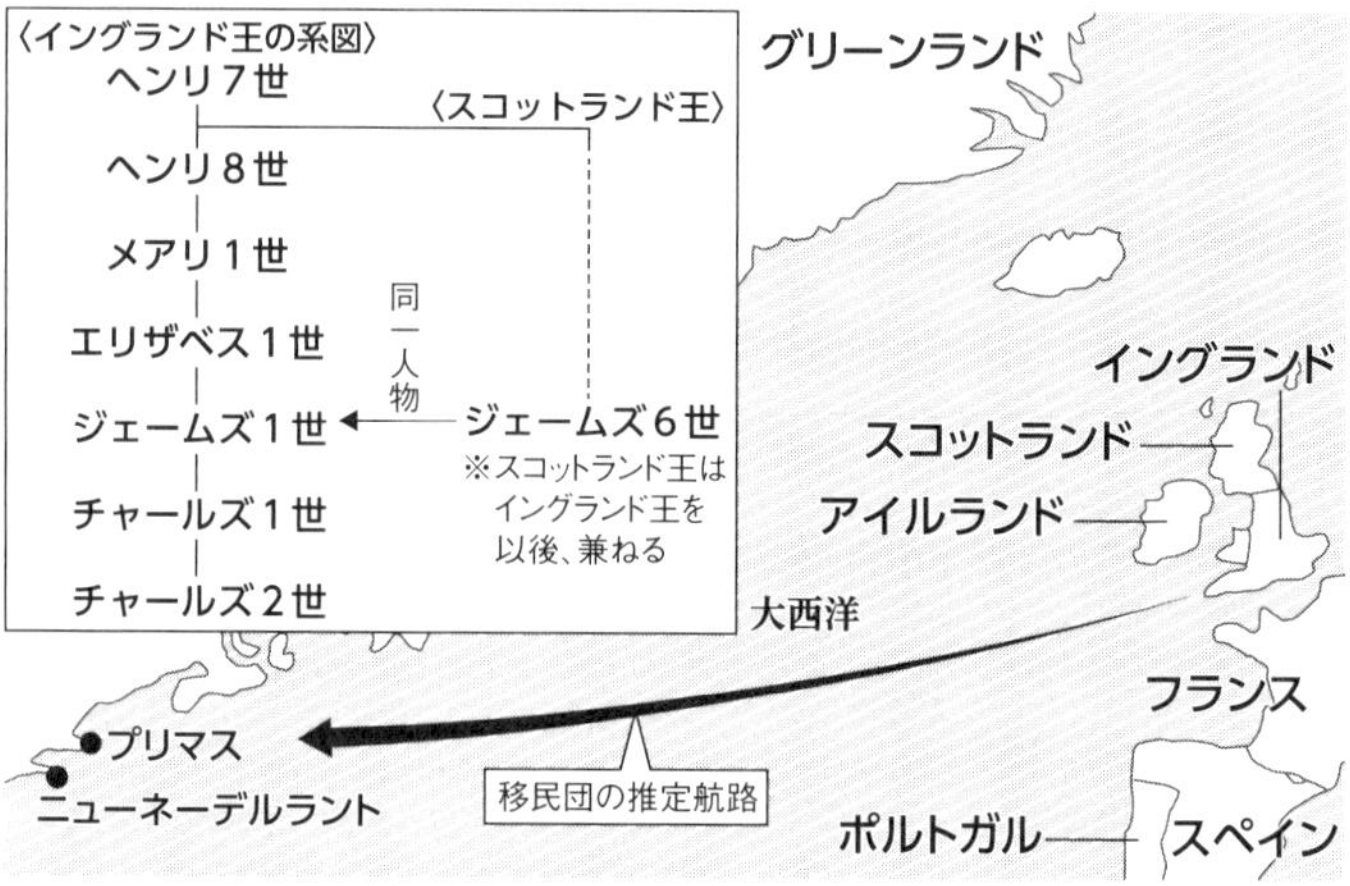

ピルグリム・ファーザーズと呼ばれ、初期アメリカ開拓の基礎《きそ》を築きます。以降も大西洋の沿岸地域には独立意識を持った人々がイングランドから入植していきました。

1620年代末から40年代にかけて、イングランドではジェームズ1世の死後、その子のチャールズ1世が議会を無視して政治を行い、それに反発する議員らとはげしく対立します。1649年、反国王派の議員らによってチャールズ1世が処刑され、反国王派の中心人物であるクロムウェルが実権を握り、イングランドは共和制の国家となります。反国王派の議員の多くがピューリタンだったことから、このできごとをピューリタン（清教徒）革命といいます。その後、クロムウェルが病死すると、1660年にチャールズ1世の子がチャールズ2世として即位し、王制は復活しました。

イングランド本国の政体がめまぐるしく変化するなか、北米大陸の植民地では英仏が対立していました。1654年にイングランドはアカディアを占領しますが、1667年にフランスへ返還しています。イングランドの内紛が落ち着いた1670年にはハドソン湾会社が設立されます。これは、正式名称を「ハドソン湾において通商に従事するイングランドの総督と冒険家たち」といい、チャールズ2世よりハドソン湾一帯での毛皮取引の独占権を与えられた会社（勅許《ちょっきょ》会社）です。同社は、現在のカナダのマニトバ州、オンタリオ州、ケベック州にあたる地域にイングランドの勢力圏を広げ、たびたびフランス系の移民と衝突します。

同じころオランダも北米大陸に進出し、ハドソン川流域にニューネーデルラント植民地（のちのニューヨーク）を築きました。しかし、17世紀を通じてイングランドとの戦争（英蘭《えいらん》戦争）でオランダは劣勢《れっせい》となり、1674年に結ばれたウェストミンスター条約によって、北米大陸におけるオランダの植民地はほぼイングランドのものになります。

ゆれ動く先住民社会

同じ北米大陸でも、現在のアメリカ合衆国にあたる地域はカナダとくらべて気候が温暖なことから農業に従事する移民が増加します。そして、しだいに武力を用いて先住民の土地を奪うようになります。これに対し、カナダへの移民はなかなか進まなかったうえ、労働に従事する人々の大部分が漁師と毛皮商人だったので、先住民から強引に土地を奪うことはほとんどありませんでした。

それでも、先住民の社会はヨーロッパ人との接触で大きく影響を受けることになります。かねてより先住民の間には部族同士の対立が存在しましたが、毛皮の利権をめぐって争いが激化し、ヨーロッパ人との毛皮の売買を通じて手に入れていた金属製の武器が使われ、死傷者が増えます。一例を挙げると、現在のカナダからアメリカ東部に暮らしていたイロコイ族に属する5つの部族による連合体（イロコイ同盟）は、五大湖の周辺に暮らすヒューロン族（ウェンダット族）と争いになり、17世紀中ごろにはヒューロン族をほぼ壊滅《かいめつ》させています。

勢いづいたイロコイ族がヌーヴェル・フランスを襲《おそ》うようになると、本国から派遣されたフランス軍や植民地で結成された軍と断続的に戦います。この戦いは長期におよび、両者の間で和平が結ばれたのは1701年のことでした。なお今日、イロコイ族の人々は、自分たちのことを「ホデノショニ」と呼んでいます。

ヨーロッパ人は先住民の社会にも積極的に介入していきます。フランスは先住民に対するカトリックの布教にも力を入れました。宣教師の多くは布教活動のかたわら、先住民にヨーロッパ人の価値観や習慣を刷《す》り込《こ》もうとしたのです。ただし、獲物を求めて移動する生活や、一夫多妻《いっぷたさい》といった慣習は、キリスト教徒になってもなかなか変わらなかったといいます。

また、植民の初期は北米大陸にやってきたヨーロッパ人のほとんどが男性だったことから、先住民の女性と結婚するケースが少なくありませんでした。彼らは毛皮取引のため、親族となった先住民と友好関係を築きます。ところが、17世紀後半ごろからヨーロッパ人の女性が大量に移住してくると、移民した者同士が結婚するようになり、ヨーロッパ人だけのコミュニティが形成されます。その結果、先住民との間に隔たりが生まれ、先住民に対する差別的な意識が広まっていくことになります。

英仏の対立が激化

17世紀末には、イングランドとフランスの対立はますます激しくなり、ヨーロッパだけでなく、北米大陸でも衝突がくり返されていきました。ドイツにあるファルツの領有を要求したフランスに対抗して、オランダを中心にアウクスブルク同盟がつくられると、イングランドは同盟側を支持し、1688年にアウクスブルク同盟戦争（ファルツ継承《けいしょう》戦争）が起こります。戦火は北米大陸にもおよび、1689年にウィリアム王戦争が始まりました。この戦争は1697年に終結し、同年、ライスワイク条約が結ばれますが、北米では領土の変更はありませんでした。

1701年にはスペインの王位をめぐって、西ヨーロッパを舞台としたスペイン継承戦争が起こり、イングランドとフランスは敵対します。同時期に北米大陸でも両者は争っており、当時のイングランド王の名から、アン女王戦争とも呼ばれます。

戦闘が続く最中の1707年、イングランドは同じブリテン島に位置するスコットランドと合邦《がっぽう》し、グレートブリテン連合王国（以降、「イギリス」と呼称）が成立しました。女王アンの没後《ぼつご》は遠縁にあたるドイツ系のジョージ１世が新たな国王となります（ハノーヴァー朝）。

スペイン継承戦争は反フランス勢力が優勢な状態で終結し、１７１３年にユトレヒト条約が結ばれます。それによって、フランスが支持するフェリペ５世（ルイ14世の孫）の即位を各国が認める代わりに、フランスとスペインは北米にある植民地の一部をイギリスにゆずることになり、ハドソン湾一帯、アカディア、１７０９年からフランスに占領されていたニューファンドランドはイギリス領（英領）に組み込まれます。

イギリスはアカディアの住民に国教会への改宗、すなわちイギリス国王への忠誠《ちゅうせい》を要求しましたが、熱心なカトリ

そのころ、日本では？

江戸幕府を開いた徳川家康の曽孫《そうそん》にあたる徳川吉宗《よしむね》は、藩主として紀州《きしゅう》（紀伊《きい》）藩の財政改善にいそしむ最中の1716年、第８代将軍に就任することになり、今度は幕府の財政の立て直しに着手します。改革は30年にもおよび、開始した元号から享保《きょうほう》の改革と呼ばれます。

ック教徒だった住民の大半が抵抗します。アカディアの運営に住民の協力は不可欠だったことから、イギリスは譲歩《じょうほ》し、住民に信仰の自由を認めたうえで、イギリスがフランスおよび先住民と戦争になったときでも中立を維持してよいと確約します。

一方、アカディアを失ったフランスはセントローレンス川流域からより内陸部への開拓に力を入れます。ところが、1740年にヨーロッパでオーストリア継承戦争が起こり、再び英仏が敵対すると、北米大陸でまたも英仏による戦争（ジョージ王戦争）が起こります。フランスの勢力圏でルイブール要塞のあったロワイヤル島（現在のノヴァスコシア州北部）がイギリス軍に占領されますが、終戦の年にあたる1748年に結ばれたアーヘンの和約によって同地はフランスに返還されます。

ジョージ王戦争が終結した翌年の1749年には、フランスとのたび重なる対立を受け、イギリスは防備を固めるためにノヴァスコシア南部にハリファクス要塞を築きます。こうして北米大陸のイギリスの植民地が拡大するにつれ、イギリス本国からの移民が増えていきます。同時期のイギリス本国でエンクロージャー（大地主による土地の私有地化）が進み、北米の植民地が本国で農地を失った農民の受け皿になったのです。

イギリスによる支配の確立

北米大陸における英仏の対立の最終局面が、フレンチ・インディアン戦争です。イギリスが北米大陸の東部沿岸から五大湖の南のオハイオ川流域へ勢力圏を広げようとしたところ、フランス軍が抵抗し、1754年に大規模な戦乱に発展します。周辺の先住民も戦いに巻き込まれ、イロコイ同盟はイギリスに、アカディア一帯に住んでいたミクマク族はかねてより友好関係にあったフランスに与《くみ》しました。

当初、北米大陸での戦闘はフランスが有利でした。もっとも、ヌーヴェル・フランスの人口が約5万だったのに対し、北米大陸全域のイギリス領の人口は100万人以上であり、フランスはいつ劣勢になってもおかしくありませんでした。1758年に時のイギリス国務相（事実上の首相）のピットが北米大陸への派兵を増強すると、勢いにのったイギリス軍はセントローレンス川に沿って内陸部へ侵攻し、1759年にはエイブラハム平原（フランス語ではアブラム平原）の戦いに勝利してケベック・シティを占領します。翌年にはモントリオールを陥落《かんらく》させました。

戦争はイギリスの勝利に終わり、1763年に結ばれたパリ条約（ミシシッピ川以東はイギリス、以西はスペインが獲得《かくとく》）によってヌーヴェル・フランスはイギリスの支配下に組み込まれ、「英領ケベック」が成立します。ニューファンドランド島の沖合に浮かぶサンピエール島とミクロン島はフランス領になりましたが、その後も英仏の領有争いは続き、1814年のパリ条約でフランス領となり現在に至っています。

1763年にパリ条約が結ばれたことで北米大陸において英仏が争う状態は終わりました。イギリスは安定して北米の植民地経営ができるようになり、モントリオールを陥落させた部隊の指揮官《しきかん》だったジェームズ・マレーが英領ケベックの初代総督となります。

同じく英領となったアカディアは、フレンチ・インディアン戦争の初期にイギリスによって強制的に数千人ものフランス系住民が追放されていましたが、その一部は終戦後に元の居住地にもどりました。このため、かつてのアカディアを含む現在のニューブランズウィック州における住民の約30％はフランス語を使用します。

しかし、アカディアとケベックのフランス系移民のなかにはイギリスの支配下に置かれることを嫌い、フランス本国やカリブ海の仏領ハイチ、現在のアメリカ中西部にあたる仏領ルイジアナ（1763年からはスペイン領ルイジアナ。イギリス領は除く）へ移住した者も少なくありませんでした。

ケベックに留まったフランス系住民は、政治的にはフランス本国から切り離されつつも、フランス語とカトリック信仰、フランス式の生活習慣を維持し続け、〝フランス系カナダ人〟という独自の民族意識を抱きながら生きていくことになります。

18世紀中ごろの北米大陸

〈1745年時点の北米大陸〉

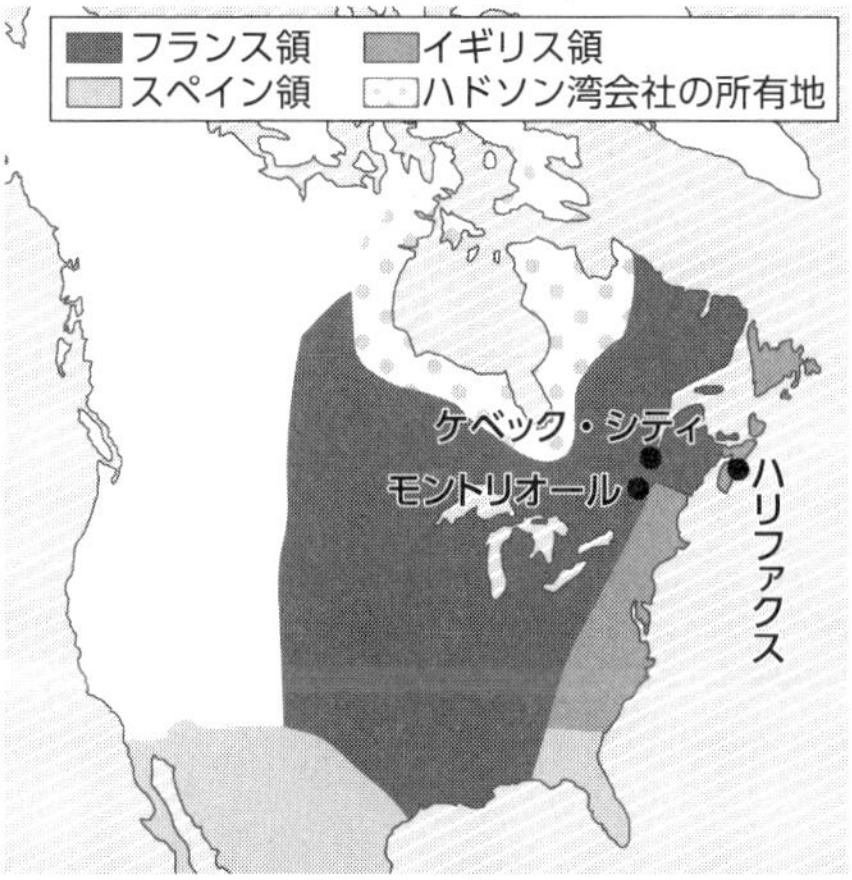

↓

〈1763年時点の北米大陸〉

知れば知るほどおもしろいカナダの偉人❷

イロコイ族を団結させた調停者

デガナウィダ

Deganawida

（1550 ～ 1600 ごろ）

協議会をアメリカの建国者も参考に

カナダ先住民のイロコイ族の間では、長きにわたり内紛が続いていました。オナンダーガ部族に属するハイアワサは各部族の同盟を呼びかけましたが、有力者のタドダホに強く反対されます。そこに現れた調停者のデガナウィダは、神の啓示《けいじ》によって大地の四方に根を張った平和と協調を象徴する白い巨木のイメージを語りました。

デガナウィダとハイアワサは、このイメージを人々に広め、タドダホを説得します。そして、たき火を囲む席に5部族の指導者を招き、各部族の役割と共通のルール、部族の協議会を開くこと定めたと伝えられます。こうして結成されたイロコイ同盟は白い巨木を旗に掲《かか》げ、デガナウィダは「偉大な調停者」と呼ばれます。

デガナウィダの生きた時代は不明確で諸説ありますが、のちにアメリカ合衆国を建国したワシントンらも、イロコイ同盟の協議会を議会政治の参考にしたといいます。

chapter 3

イギリスの植民地

争いの種となったケベック

1763年のフレンチ・インディアン戦争の終結後、時のイギリス国王ジョージ3世は北米大陸の植民地に布告を発します。①植民者と先住民の衝突を防ぐために、五大湖周辺を含むアパラチア山脈から西を先住民の居住地とすること　②新たに英領となったケベックに議会の設置を認めるが、カトリック教徒は議員になれないという内容です。

同時期、フレンチ・インディアン戦争による多額の戦費に苦しんでいたイギリス本国は、13植民地に対して印紙税や砂糖税などの税を課すことを決めていきます。この13植民地とは、ピルグリム・ファーザーズら（44ページ参照）が築いたプリマスを併合したマサチューセッツ植民地や、南部のヴァージニア植民地など、北米大陸の東海岸に築かれた13の植民地のことです。自分たちの代表者がイギリス本国にいないにもかかわらず、次々と税が課された13植民地では「代表なくして課税なし」というスローガンが掲げられ、本国への抗議運動が展開されます。

13植民地との対立が続くなか、イギリス議会は1774年6月にケベックを統治するための法律を制定します。この「ケベック法」は、先述の布告とは打って変わって、住民のカトリック信仰の自由、フランスの伝統的な民法の使用を認める寛容《かんよう》な内容でした。さらに、オハイオ川より北の広い地域をケベックに編入することが決まります。この統治方針の転換には、ケベックの住民を味方につけるとともに、13植民地が西へと境界を拡大させないよう圧力をかけるという思惑《おもわく》がありました。

当然ながら、13植民地はケベック法に強く反発します。同年9月にはジョージアを除く12植民地（のちにジョージアも合流）の代表者が会議（第1回大陸会議）を開き、イギリス本国との対決姿勢を強めました。

アメリカ独立戦争の影響

13植民地の政府といえる大陸会議とイギリス本国の対立はエスカレートし、1775年4月にマサチューセッツ植民地において、イギリス軍とマサチューセッツ民兵隊が衝突します。これをきっかけとしてアメリカ独立戦争が始まりました。直後に開催された第2回大陸会議では、フレンチ・インディアン戦争において民兵を率いてフランス軍と戦った経験を持つジョージ・ワシントンが、植民地軍の最高司令官に任命されました。ワシントンはのちに成立するアメリカ合衆国の初代大統領となる人物です。

じつは、13植民地はケベックにも大陸会議への参加を打《だ》診《しん》していましたが、ケベックはこれを拒否し、中立の立場を選択していました。ケベックの住民の大部分はフランス系であり、イギリスに対する反発心があったにもかかわらずです。それには次のような事情があります。ケベックを含む現在のカナダにあたる地域の住民の多数を占めていた漁師や商人らは、主な商売相手であるイギリスと敵対したくはありませんでした。加えて、先のケベック法で信仰が保証された一方、新教徒であるピューリタンの多かった13植民地を敵視する風潮《ふうちょう》が存在したからです。

中立の立場だったにもかかわらず、1775年に植民地

そのころ、日本では？

徳川吉宗の死後、幕府の財政が再び悪化すると、将軍の側《そば》用人《ようにん》（側近）であり老中だった田沼意次《たぬまおきつぐ》が、1772年から構造改革に乗り出します。一定の成果はあったものの、農村が疲弊《ひへい》したところに飢饉《ききん》が発生し、権勢の拠《よ》り所《どころ》だった将軍の家治《いえはる》が病死すると、意次は失脚《しつきゃく》しました。

軍はケベックに侵攻すると、カトリック教会を襲撃したうえ、ケベック各地の物資を奪います。それからほどなくして、イギリス軍の増援がケベックに到着すると、植民地軍は撤退《てったい》していきました。一連の行為にケベックの住民は怒り、13植民地と敵対することを決めます。

13植民地はイギリス本国と対立した当初、本国による不当な政策の撤回《てっかい》を唱《とな》えていただけでした。しかし戦闘が長期化するにつれ、イギリス本国から完全に独立した新たな国家の建設を主張するようになります。そして1776年、イギリスからの独立を宣言した文書が大陸会議において採択されます（アメリカ独立宣言）。

苦戦していた植民地軍ですが、1777年のサラトガの戦い（現在のアメリカのニューヨーク州北部）での勝利を境《さかい》に形勢を逆転させます。さまざまな戦争でイギリスに苦《く》杯《はい》をなめさせられていたフランスが植民地軍の勝利を機に、大陸会議側として戦争への参戦を決めたこともその一因です。ただし、フランスはケベックが大陸会議の支配地になることを望まず、現状を維持するという方針を取りました。

フランス軍の参戦もあって形勢が植民地軍の優位に傾くと、スペインとオランダもこれに続きます。1783年、イギリスは大陸会議と講和条約（パリ条約）を結び、アメリカ合衆国の独立を正式に認めます。この条約によって、イギリスは五大湖の南岸一帯（うち4つの湖上に国境が画定）とそれ以南の領土をアメリカにゆずり渡し、ケベックは縮小されました。現在のカナダにあたる地域は、アメリカ合衆国（以降、アメリカと呼称）と区別して「英領北アメリカ」と総称されるようになります。

政治難民が到来

アメリカの独立の承認後、アメリカ政府（旧大陸会議）に反発する約10万人のロイヤリスト（王制支持者）が国外に脱出しました。その半数は国境を接する英領北アメリカに流入し、残りはイギリスをはじめとしたヨーロッパ諸国や、中米の各地に散らばりました。これは、18世紀にあって世界最大級の政治難民といわれます。

このとき英領北アメリカに流入したなかにはロイヤリストだけでなく、アメリカと敵対関係にあった一部の先住民やカトリック教徒、イギリス軍に協力したことで奴隷の身から解放された黒人なども含まれていました。その反対に、イギリスの王制に反発し、アメリカ政府を支持する英領北アメリカの人々はアメリカに移住しました。

ロイヤリストらの流入で人口が急増した英領北アメリカでは、１７９１年12月に「カナダ法」が成立し、地域区分と行政機構が刷新されました。イギリスの公文書で「カナダ」という地域名が使用されたのは、これが初めてです。カナダ法のもとで、ケベックはフランス系住民の多い東部の「ロワー・カナダ植民地」（のちのケベック州）と、イギリス系住民の多い西部の「アッパー・カナダ植民地」（のちのオンタリオ州）に分割されます。両地域はまとめて総督の統治下にありましたが、それぞれに住民主導による立法議会と、実質的な地方政府である行政評議会が置かれました。

18世紀後半の北米大陸

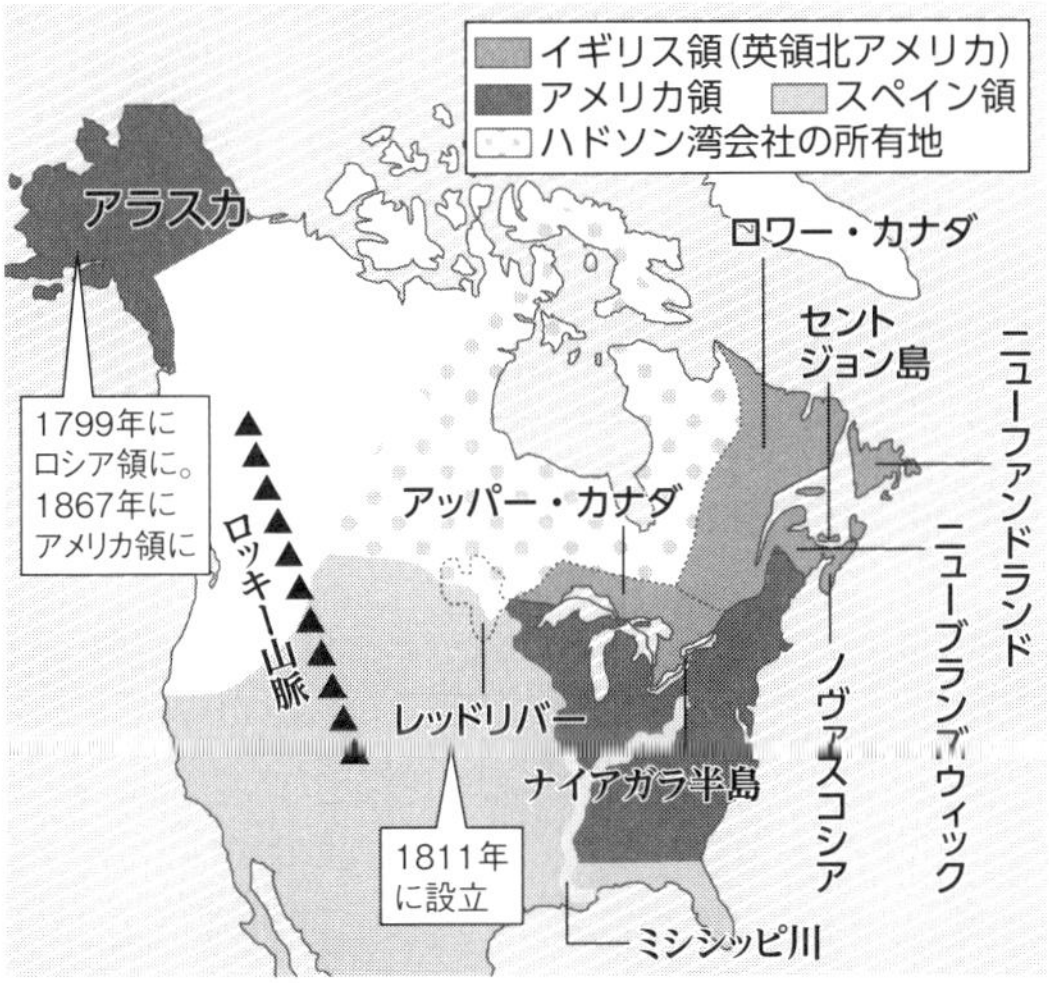

先の独立戦争でアメリカの勝利に貢献し、イギリスに一矢報《いっしむく》いたフランスでしたが、1789年7月に革命（フランス革命）が起こります。その結果、王国だったフランスは共和国となったほか、貴族やカトリック教会は特権を失い、民法が導入されるなど近代的な改革が次々と実施《じっし》されていくことになります。ただ、フランスと切り離されていたロワー・カナダ（ケベック）では、革命前のフランスにあった伝統的な習慣や文化が色濃く残ることになりました。

以降の英領北アメリカでは人口が増加し、開拓が加速していきます。アッパー・カナダでは農業が、森林の多いロワー・カナダでは林業が盛んになります。

英領北アメリカにはアッパー・カナダとロワー・カナダのほかに、ハドソン湾会社が管理する北部沿岸から西部内陸、ニューファンドランド、旧仏領アカディアにあたるニューブランズウィック植民地（1784年にノヴァスコシア植民地から分離）、ノヴァスコシア植民地、セントジョン島（1799年に「プリンスエドワード島」に改称）などが存在していました。アメリカでは1776年の独立後に13植民地から13の州が成立し、国家としての枠組みが固まると、州の垣根《かきね》を越えて〝アメリカ人〟という共通意識が形成されていきました。一方、英領北アメリカは地域ごとに習慣も法律もばらばらでまとまりがなく、〝カナダ人〟という共通意識が育まれるのはまだ先のことです。

同業他社との競合

アッパー・カナダとロワー・カナダより西に目を向けると、いまだ未開拓の広大な地が広がっていました。1783年にモントリオールの商人たちが設立したノースウェスト会社が、ハドソン湾会社と競い合うようにして土地を開拓し、毛皮の輸出を進めていました。すでにビーバーの毛皮はイギリス本国において供給過剰《かじょう》となり、市場価格は低下しつつありましたが、それでもノースウェスト会社とハドソン湾会社はたがいにゆずらず、争いは激化していきます。

そうしたなか、慈善事業家のトーマス・ダグラス（セルカーク伯爵《はくしゃく》）は、ハドソン湾会社から現在のマニトバ州ウィニペグ一帯の土地を取得すると、同地にレッドリバー植民地を1811年に設立し、スコットランドの貧困層を移民として送り込みます。これが自社の活動を妨害《ぼうがい》すると考えたノースウェスト会社は、1816年にレッドリバー植民地を襲撃し、ダグラスと協力関係にあったハドソン湾会社の関係者20人を殺害します。

この過激な行動はノースウェスト会社自身の衰退《すいたい》を招き、ハドソン湾会社が1821年にノースウェスト会社を合併《がっぺい》します。ダグラスの没後、レッドリバー植民地はハドソン湾会社の所有となりました。

太平洋側にも進出

初期の北米大陸の開拓は、ヨーロッパに近い大西洋側から着手されましたが、18世紀後半からは太平洋岸の探検・開拓が進められます。

イギリスの海軍士官ジェームズ・クックは、ニュージーランド、オーストラリア、南極の近海などを航海したのち、1770年代後半には北米大陸の太平洋岸を調査します。クックによって、ベーリング海峡から現在のアメリカのカリフォルニア州にかけての沿岸部の大まかな地形が明らかになりました。続いて、クックの部下だったジョージ・ヴァンクーヴァーが1790年代にさらなる調査を行いました。現在のブリティッシュ・コロンビア州の南部にある港湾都市ヴァンクーヴァーの由来となった人物です。

また、北米大陸の西端に位置するアラスカ（現在のアメリカのアラスカ州）は当時、1799年に領有を宣言したロシア帝国の統治下にあり、皇帝から許可を得たロシア・アメリカ会社が狩猟で毛皮を獲得していたほか、鉱物資源の採掘を行っていました。しかし、ロシア本国からの補給や人員の投入が困難だったため、経営は赤字が続きます。

19世紀後半になっても経営は好転せず、財政が悪化していたロシアは1867年にアラスカをアメリカに売却しました。当時のロシアはイギリスと敵対しており、イギリスにアラスカを奪われ、ベーリング海峡を隔ててイギリスと国土が接するくらいなら、アメリカに売却してしまって、少しでも財政の足しにしようと考えたうえでのことでした。

追いつめられる先住民

16世紀以来、地域によっては先住民とヨーロッパからの移民との関係は良好でしたが、ヨーロッパ人による開拓が進むにつれ、先住民の生活は苦しくなっていきます。たとえば、ニューファンドランドで暮らしていたベオトク族（ベオスック族）は、もといた沿岸部にヨーロッパ人が居住するようになったため内陸へ逃れたところ、魚介類を捕獲する生活が維持できなくなります。追い討ちをかけるように、ヨーロッパ人を介して伝わった疫病《えきびょう》が猛威《もうい》を振るい、1829年に最後の1人が病死し、部族は消滅しました。

1830年代以降、英領北アメリカの各地では先住民を保護しつつ、段階的に〝文明化〟する方針が取られました。その一環として、政府が定めた先住民の居留地に教会、学校、道路、水車などが建てられます。ただ、先住民の古くからの信仰や家族制度に教会関係者が口をはさんだことから、先住民が強く抵抗する例も少なくありませんでした。

現在のカナダとアメリカの中西部にまたがるロッキー山脈の東方一帯では、18世紀までフランス人やイギリス人の毛皮商人と先住民との婚姻《こんいん》がたびたび行われ、両者の間に生まれたメティス（メイティ）と呼ばれる人々が多数いました。ヨーロッパ人の男性と結婚した先住民の女性やメティスの多くは、先住民とヨーロッパ人の言語の両方を使いこなし、両者の仲介役として中西部の開拓に大きく寄与します。フランス系のメティスはカトリックを信仰し、先住民の言語とフランス語が混合したミチフ語という言語をあやつるなど、独自の文化もつちかわれていました。

ところが、19世紀に入るとその状況が変化します。中西部でもヨーロッパから移民してきた者同士による婚姻が増えると、メティスは少数派になり、差別の対象となっていったのです。

63ページでふれたレッドリバー植民地へのスコットランドからの大量の移民の流入も、現地の先住民やメティスとの摩擦《まさつ》を招くことになりました。これ以降、中西部では先住民やメティスとヨーロッパからの移民者の衝突がくり返されるようになります。

イギリスに味方して戦う

革命によってフランスの王制が倒れ、1792年に共和制の国家が成立すると、王制を敷いていたヨーロッパ各国は革命の余波が自国におよぶことをおそれます。そこで、イギリスを中心に各国は同盟（対仏大同盟）を結び、フランスに戦争をしかけました。そのピンチを切り抜けようとしたのが、軍人だったナポレオンです。天才的な軍事の才能を発揮《はっき》したナポレオンは各国に反転攻勢に出ると、西ヨーロッパの大部分を支配下に置き、一時はイギリスを孤立《こりつ》させるほど追いつめます。

この争いにアメリカは中立の立場を取りましたが、イギリスは大西洋上のアメリカ船に対し、自国の脱走兵が乗っていないか強引に調査したり、フランスへの物資輸送を妨害しようとしたりしました。ほかにも、国内の反抗的な先住民をイギリスが支援しているとアメリカはみなし、イギリスへの憎《にく》しみを募《つの》らせていきます。1812年、ついにアメリカの怒りは頂点に達し、イギリスに宣戦して米英戦争が起こります。アメリカでは第二次独立戦争とも呼ばれます。

開戦の翌月にはアメリカ軍がアッパー・カナダに侵攻します。当時のアッパー・カナダの人口の8割はアメリカから流入した人々だったため、アメリカ側は強い抵抗を受けずにアッパー・カナダを併合できると考えていましたが、アッパー・カナダに駐留《ちゅうりゅう》するイギリス軍の抵抗は根強く、ナイアガラ半島では激戦がくり広げられます。ちなみに、オンタリオ湖の南西岸とエリー湖の北東岸にはさまれたこの地にあるのが、ナイアガラの滝（カナダ滝、アメリカ滝、ブライダルヴェール滝という3つの滝の総称）です。

戦争は一進一退の状況が続きましたが、現在のベルギー王国の都市にあたるガン（ヘント）で1814年に和約が結ばれ、終結します。領土は開戦前と変わらず、両国ともに具体的な成果はほとんどありませんでした。ただ、この戦争を機に、英領北アメリカのロイヤリストはイギリスへの忠誠とアメリカへの対抗心を強め、この意識が自分たちは〝カナダ人〟であるという国民意識の形成へとつながっていくことにもなります。

なお、戦争中であっても、ノヴァスコシアなど英領北アメリカの大西洋沿岸部の植民地はアメリカとの貿易を継続していました。同じイギリスの植民地であっても、その影響力は一律《いちりつ》ではなかったのです。

イギリスから100万の移民

米英戦争後、イギリスとアメリカは協定を結び、1818年に五大湖の西からロッキー山脈まで、北緯49度線をイギリス（英領北アメリカ）とアメリカの国境とすることが取り決められました。なお、ロッキー山脈の西から太平洋沿岸にかけての地域は、両国の領有とされ、問題の解決は先送りされることになります。また、イギリスは軍事輸送を目的としてオタワ川とオンタリオ湖を結ぶ全長約200キロメートルの運河を1832年に完成させ、アメリカへの防備を固めます。北米大陸で最古となるこのリドー運河は、2007年にユネスコの世界文化遺産に登録されました。

北米大陸が平穏《へいおん》になると、イギリスからの英領北アメリカへの移民は急増し、その数は1815年から1865年までで100万人にもおよびました。資本主義の発達していたイギリスでは、景気の循環《じゅんかん》によって10~20年ほどの周期で大量の失業者が発生していたことから、英領北アメリカをはじめとする海外の植民地が失業者の受け皿となったのです。英領北アメリカからイギリスへ木材を運ぶ輸送船は、英領北アメリカにもどる際には大量の移民を乗せていました。

イギリス以外のヨーロッパの国からの移民も少数ながらいました。その大半はドイツ語圏の新教徒だったので、カトリック教徒が多いフランス系住民とくらべて、イギリス系住民との対立はあま

り起こりませんでした。

このころのアメリカ南部の大農場では、大量の黒人奴隷が労働に従事していました。そのなかにはきびしい労働環境に耐えかねて逃げ出す奴隷もおり、彼らは英領北アメリカに流入します。アッパー・カナダではイギリス本国とその植民地に先駆けて、奴隷の取引を禁じる反奴隷法を1793年の議会で成立させていたからです。1830年に英領北アメリカへ逃れた元奴隷のジョサイア・ヘンソンの体験記をもとに書かれたのが、1852年に刊行されたアメリカ人作家のハリエット・ストウによる小説『アンクル・トムの小屋』です。黒人奴隷の悲惨《ひさん》な生活を活写したこの作品はベストセラーとなり、アメリカで奴隷制度の廃止が議論される一因になります。

立て続けに両カナダで反乱

移民による人口の急増は、住民の間で政治の主導権をめぐる対立を招きます。当時のカナダには地域ごとに立法議会が設置されていましたが、この立法議会の意向と関係なく、実質的な地方政府である行政評議会が政策を決めていました。たとえばロワー・カナダでは、総督が自身に忠実なイギリス系の住民ばかりを行政評議会のメンバーに任命したため、多数派だったフランス系住民の声はほぼ無視されていました。

その状況にあって、立法議会のなかでフランス系議員の中心人物だったルイ・ジョセフ・パピノーが立ち上がり、立法議会の権限の拡大を何度もうったえます。しかし拒絶され、行政評議会との対決姿勢をしだいに強めていきました。

1837年11月にパピノーとその賛同者たちはついに反乱を起こします。ただ、カトリック信仰が保証されていたことで、イギリスに従順な姿勢を示す保守層がロワー・カナダのフランス系住民には多く、反乱への支持はあまり広がりませんでした。パピノーも早々にアメリカへ逃亡してしまいます。

結局、翌年11月に反乱は鎮圧《ちんあつ》され、首謀者《しゅぼうしゃ》である12名は処刑され、そのほかの数十人は

英領だったオーストラリアへ流刑《るけい》となりました。

同時期のアッパー・カナダでは、少数の古参のロイヤリストが立法議会と行政評議会を牛耳《ぎゅうじ》っており、政治活動を制限されていた新たに移民してきた人々の間で不満が高まっていました。立法議会の議員のウィリアム・ライアン・マッケンジーは、より多くの民意を政治に反映させようと、イギリス本国の内閣制度と同じく、立法議会から選出された者が、議会に対する責任を負《お》って行政を担当する責任政府の樹立を主張しました。

マッケンジーは人々の支持を集め、初代トロント市長となりますが、ロイヤリストら保守派は総督と結託《けったく》して政治活動を妨害します。追いつめられたマッケンジーは、政府への反発を強め、ロワー・カナダの反乱に呼応してアッパー・カナダで反乱を起こします。ところが、賛同者は少なく、ロワー・カナダの反乱よりも短期間で鎮圧されます。マッケンジーはアメリカに逃亡し、主要な参加者は死刑か流刑となりました。

アッパー・カナダとロワー・カナダの反乱は失敗に終わりました。ただし、イギリス本国ではこのころ、都市住民の増加にともなって選挙権の拡大や労働者の待遇《たいぐう》改善が押し進められており、その影響は植民地の住民の権利拡大につながることになります。

「連合カナダ」に再編

1838年、ニューファンドランドを除く英領北アメリカの総督として、ジョン・ラムトン（初代ダラム伯爵）が着任します。ラムトンは英領北アメリカの実情を調査し、イギリス議会に『ダラム報告』と呼ばれる文書を提出します。

そのなかでラムトンは、かねてよりカナダ内の改革派が要求していた責任政府の樹立を認め、同時にアッパー・カナダとロワー・カナダを統合するよう主張しました。当時のアッパー・カナダとロワー・カナダの人口を合わせると、イギリス系住民が約55万人、フランス系住民が約45万人と推定され、両地域を統合したうえで住民に立法議会と行政府を運営させれば、多数派のイギリス系住民がフランス系住民を抑え込み、将来的にはフランス系の住民もイギリスの文化や習慣を受け入れると考えたのです。

この提言をもとに、1841年にアッパー・カナダとロワー・カナダは統合され、「連合カナダ植民地」が成立しました。自治政府が樹立すると、その首都は最初、「西カナダ」（旧アッパー・カナダ）のキングストン（現在のオンタリオ州の都市）とされましたが、1844年には「東カナダ」（旧ロワー・カナダ）のモントリオールへと移転し、これ以降は、西カナダのトロントと東カナダのケベック・シティを往復しました。

こうしたなか、新興の小都市だったオタワ（現地の先住民の言葉で「物々交換」または「森の人」を意味する）が、有力な候補地として浮上します。オタワは西カナダに属しつつ東カナダに隣接するうえ、トロントやケベック・シティよりもアメリカとの国境からやや離れていたため防衛の面でも都合がよい地だったのです。最終的に、時のイギリス女王ヴィクトリアが、1857年にオタワを首都と定めます（実際に移転したのは、1865年のこと）。

現在のオタワは政府の機関が集中しているものの、都市としての規模はモントリオールとトロントが上回っています。モントリオールには多数の商人が集まり、19世紀には英領北アメリカの経済の中心地でした。トロントは先住民の言葉で「人の集まる場所」を意味し、交通の要衝《ようしょう》に位置したことから急速に発達します。1827年に国教会によって設立されたキングズ・カレッジ（のちのトロント大学）は、1849年から非宗教的な教育機関としてたくさんの学生を受け入れるようになり、カナダ最大の大学へと発

19世紀前半の北米大陸

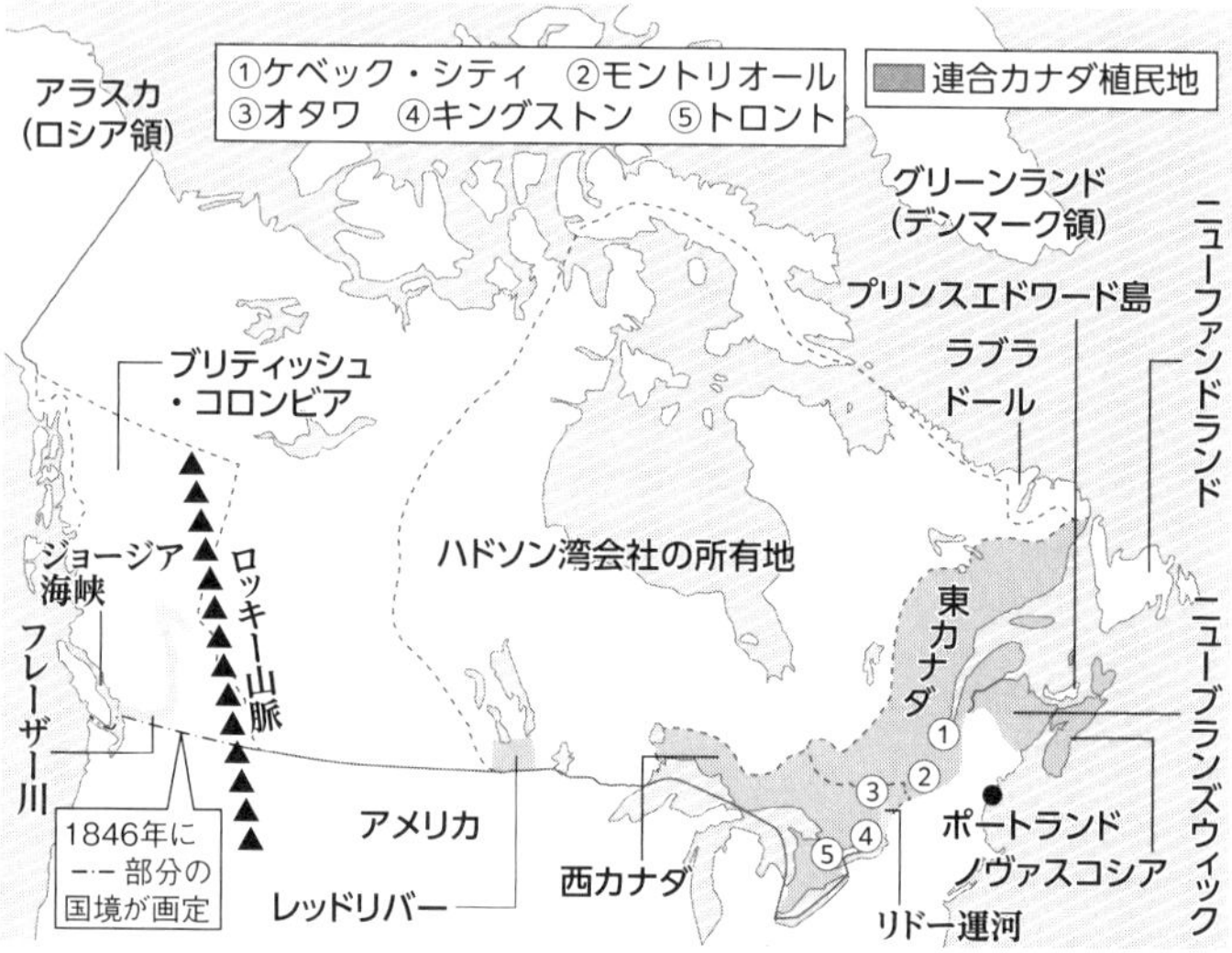

展していきます。
２０２０年の段階で、オタワは約１００万人、モントリオールは約２００万人、そして約３００万人の人口を抱えるトロントはカナダ最大の都市でもあります。
イギリスでは植民地の改革に積極的なホイッグ党が１８４６年に政権を握ると、ラムトンの娘婿《むすめむこ》にあたるジェームズ・ブルース（第８代エルギン伯爵）が翌年、カナダ総督に着任しました。このジェームズのもとで１８４８年に責任政府が導入され、イギリス本国と同じように、連合カナダ植民地で内閣制度が取り入れられたことは、自治権の拡大を意味しました。とはいえ、外交権などはイギリス本国が握ったままでした。

連合カナダ植民地の成立後、立法議会は西カナダと東カナダで同数の議員を選出し、それぞれに首相を置きます。初代の西カナダ首相ロバート・ボールドウィンと、東カナダ首相ルイ・イポリート・ラフォンテーヌは、それぞれの地域の改革派として共同歩調をとりました。連合カナダに先んじて、ノヴァスコシア植民地でも責任内閣が成立していいます。同地の議会でも改革派が有力となっていました。

英領北アメリカの自治権の拡大をイギリスが認めていった背景には、植民地に経済的な自立をうながし、植民地経営にかかる莫大《ばくだい》な費用を抑えたいという意図がありました。

公用語は2種類

連合カナダ植民地に再編されても、イギリス系住民とフランス系住民の対立は存在しました。ただし制度上、両者の立場は対等であり、責任政府の成立に際し、議会や裁判所の公文書に使われる公用語として、英語だけでなくフランス語も採用されています。

フランス系住民が居住していたのは東カナダだけではありません。ノヴァスコシアなど旧仏領アカディア一帯の人口の約10％はフランス系でした。先にふれた『ダラム報告』のなかで、ラムトンはフランス系住民のことを「歴史も文学も持たない民族」と差別的に記していました。ところが、連合カナダの成立後、ラムトンが考えていたイギリス系住民によるフランス系住民の同化は進まず、それどころか、フランス系住民は自分たちの権利や文化を強く主張するようになります。

東カナダに生まれ育ったフランス系の歴史家ガルノーは『ダラム報告』の見解に異論を唱え、1845〜1848年にかけて全3巻の『カナダ史』を著《あらわ》し、ケベックを中心としてフランス系の立場からカナダの歴史を論じました。同時期には、アメリカの詩人ヘンリー・ワズワース・ロングフェローが長編叙事詩《じょじし》『エヴァンジェリン』を発表します。18世紀のフレンチ・インディアン戦争当時のアカディア（38ページを参照）の男女がたどった非運をドラマチックにえがき、注目を集めました。

フランス系住民の強い主張を受け、1849年の立法議会において、ロワー・カナダで起こった反乱によって被害を受けたフランス系住民への補償《ほしょう》が認められました。このことは、一部の過激なイギリス系住民からはフランス系住民の優遇《ゆうぐう》とみなされ、モントリオールにある立法議会の議事堂が放火される事件が起こっています。

ニューファンドランド植民地の住民の間でも民族対立が表面化していました。ただし、こちらはイギリス系住民とフランス系住民ではなく、イギリス系住民とアイルランド系住民によるものです。1801年からアイルランドはイギリスの構成国という立場にあり、そのアイルランドで1840年代に大飢饉が起こると、大量の人々が英領北アメリカ、とくにニューファンドランドへ流入していたのです。アイルランドからの移民は新教徒が多くを占めましたが、イギリス系住民とは言語や生活習慣が異なっていました。1855年にニューファンドランドでも責任政治が成立すると、イギリス系住民とアイルランド系住民が議会でたびたび衝突することになるのでした。

強まるアメリカとの結びつき

19世紀後半の英領北アメリカでは、引き続き漁業は盛んでしたが、乱獲によるビーバーの減少によって毛皮の生産量はすっかり低下し、それに代わって林業が盛んになっていました。当時整備が進められていた鉄道の敷設《ふせつ》に枕木《まくらぎ》が欠かせなかったからです。さらに土地の開拓が進んだことによる小麦の生産が英領北アメリカの主要な産業でした。イギリス本国がそれらを関税面で優遇したうえで輸入し、イギリス本国は工業製品を英領北アメリカに輸出していました。このようにして、当時の英領北アメリカの経済は成り立っていたのです。

ところが、女王ヴィクトリアの治世にあたる１８４０年代になると、イギリス本国は財政を立て直すために負担の大きい植民地を保護する政策（旧植民地体制）を転換させ、植民地に対しても自由貿易政策を取ることを決めます。そして、１８４６年には植民地への関税に関する優遇措置を廃止します（穀物法の廃止）。

これにより、英領北アメリカの財界は大打撃を受けます。しかも先述のアイルランドから移民が大量にやってきたこと、それに起因して大流行した疫病への対策によって英領北アメリカの経済はますます悪化しました。従来の民族対立に加え、経済が悪化した英領北アメリカの人々の不満がくすぶるなか、１８４９年にモントリオールの一部の商人によって、新聞紙上で米加《べいか》併合《へいごう》宣言が発表されます。もっとも、これは民間による私的な運動であり、英領北アメリカ全域ではアメリカとの併合論は少数派に止まりました。

　この英領北アメリカでの動きに強い危機感を持ったイギリス本国は、英領北アメリカの財界が不況の打開策として大きく期待していた、アメリカとの貿易に関わる交渉を本格化させます。1854年、アメリカの首都ワシントンにおいてイギリスの代表として出席した総督エルギンとアメリカの国務長官ウィリアム・マーシーが署名し、米加互恵《ごけい》通商条約（エルギン＝マーシー条約）が結ばれます。

　条約のなかでも、英領北アメリカとアメリカのすべての一次産品（穀物類、木材、綿花など）にかかる関税がたがいに免除とされたことで、以後、英領北アメリカとアメリカとの貿易規模は大きくなっていきます。

　このころの商業取引では、イギリスの通貨であるポンドを英領北アメリカの通貨価値に合わせたカナダポンドが使われていました。しかし、アメリカとの貿易や企業間の投資などが増えるにつれ、しだいにアメリカの通貨であるドルが使われる機会が多くなっていきます。このため、1850年代にはドルを英領北アメリカの通貨価値に合わせた「カナダドル」が発行され、カナダポンドに代わって徐々に定着していきました。

線路でつながる国境

イギリスで1825年に世界で初めて鉄道が開通すると、その技術は英領北アメリカにも伝わります。1836年にモントリオールの近郊で英領北アメリカ初となる鉄道が開業し、1850年代には五大湖周辺で次々と鉄道が開通して、アメリカとの間の物流網が構築されていきました。

鉄道が開業する以前、冬期にカナダ産の小麦や材木を大西洋沿岸まで船で運ぼうにも、海面が氷に覆われたケベックやノヴァスコシア沿岸の輸出港は使うことができませんでした。そこで、それより南に位置するアメリカのメーン州ポートランドが新たな輸出港とされ、1853年にはモントリオールとポートランドを結ぶグランドトランク鉄道が開通しました。

そのころ、日本では？

1854年に日米和親条約や日英和親条約が締結されたことで、日本は開国しました。続いて、1858年には日英修好通商条約が結ばれますが、そのときイギリス側の代表だった人物こそ、1854年までカナダ総督を務めたジェームズ・ブルース（第８代エルギン伯爵）でした。

これらの鉄道も含めて、１８６０年ごろまでに英領北アメリカで敷設された鉄道は２８００キロメートルにもおよびます。英領北アメリカの鉄道は当初、レール幅などでイギリスの規格を採用していましたが、相互の乗り入れが容易になるようアメリカの規格に修正されたことで、イギリスだけでなくアメリカの企業家からの投資も増え、鉄道の敷設は加速していきました。

交通網の発展とともに西部の開拓も進むことになります。当時、ロッキー山脈より西側にはアメリカとイギリス（英領北アメリカ）の国境が未画定の個所があり、イギリスとアメリカの争点となっていました（69ページ参照）。しかし、１８４６年にオレゴン条約が結ばれたことで、太平洋岸（ジョージア海峡）までの北緯49度線を国境とすることがようやく定められ、アラスカを除く英領北アメリカとアメリカの国境が画定し、ヴァンクーヴァー島はイギリス領となりました。

同時期、ロッキー山脈周辺を流れるフレーザー川流域で金鉱が発見されると、イギリスはその領有を明確にするため、ハドソン湾会社が管理していた太平洋岸の地域にブリティッシュ・コロンビア植民地を１８５８年に成立させました。

知れば知るほどおもしろいカナダの偉人③

米英戦争の影の功労者

ローラ・シコード

Laura Secord

（1775 ～ 1868）

イギリス軍の勝利に貢献する

出身は現在でいうアメリカ合衆国マサチューセッツ州バーリントンですが、アメリカ独立後の混乱期に生活難から家族とともに、現在のカナダのオンタリオ州クイーンズトンに移住しました。その後、ロイヤリストの商人ジェームズ・シコードと結婚します。

米英戦争中の1813年、戦闘で負傷していた夫に代わってローラは１人で約32㎞もの険《けわ》しい山道を歩き、味方のイギリス軍に敵の接近を伝えました。この報《しら》せにより、直後の戦闘でイギリス軍は大きな戦果を挙げます。

ローラの活躍は長く忘れ去られていましたが、1860年にカナダ滞在中のイギリス王太子アルバート・エドワード（のちの国王エドワード７世）が、ローラの栄誉《えいよ》をたたえたことから注目を集めます。のちに、ローラの名を冠したチョコレートが発売されると、カナダ人の間でその名が広く親しまれるようになりました。

chapter 4

自治領の成立

まとまりのない植民地

1850年代ごろの英領北アメリカには、西カナダと東カナダからなる連合カナダ植民地のほかに、ニューブランズウィック、ノヴァスコシア、プリンスエドワード島（62ページ参照）という沿海部に位置する植民地、その北東にあるニューファンドランド、ハドソン湾会社が管理する北部から西部（現在のノースウェスト準州、サスカチュワン州、ブリティッシュ・コロンビア州など）が存在していました。各地域は産業も生活習慣も文化も異なっており、同じ大陸で生活し、それぞれがイギリスの統治下にありながら、この時点ではまとまりがなく、つながりは希薄《きはく》でした。

植民地のなかでも、連合カナダは住民の増加とともに農業と商工業が発達し、イギリスから自立した経済圏を築きつつありました。とはいえ、政治はきわめて不安定であり、1841年の連合カナダの成立から1867年までの間に18回も政権が入れかわっています。この要因は、イギリス系住民の多い西カナダとフランス系住民の多い東カナダという地域の対立に加え、それぞれの地域に伝統的な価値観や有力者の利権を代表する保守派と、これに抵抗する改革派とが入り乱れていたためです。

一方、ニューブランズウィック、ノヴァスコシア、プリンスエドワード島の各植民地は漁業と林業が中心であり、魚類や木材の輸出先であるイギリスやアメリカとの経済的な結びつきが強く、その反面、連合カナダとの関係は希薄でした。アイルランド系の住民が多数を占めるニューファンドランドは、とくにその傾向が強く出ていました。

このほか、ハドソン湾会社が管理する広大な地域は、同地の初代総督を務めたカンバーランド公ルパートの名にちなんで、「ルパーツランド」と呼ばれていました。ただ、寒冷な気候で農業に適さない土地が大部分を占めていたことから開拓がなかなか進まず、域内の人口はまばらでした。なお、ハドソン湾会社は毛皮の獲得と販売だけでなく、居住地の建設も主導し、19世紀後半には小売業も手掛《てが》けるようになっていました。

そのハドソン湾会社の管理を離れ、1858年に成立したブリティッシュ・コロンビア植民地は、大陸を縦断するロッキー山脈にはばまれ、他地域との交流がきわめて少ない状態にありました。そして、連合カナダから同地に向かうには、わざわざアメリカを経由する必要がありました。

アメリカへの強い警戒心

19世紀を通じて、英領北アメリカの政治や経済は、宗主国であるイギリスと、隣接するアメリカから強い影響を受けることになります。

当時のイギリスは女王ヴィクトリアの治世にあたり、産業革命によって、蒸気機関を利用した大規模な工場や製鉄所、蒸気機関車、電信機による通信網などが普及し、「世界の工場」と呼ばれるまでにめざましい発展を遂げていました。そして、工業製品の輸出先、農産物や天然資源の輸入元としてアジアやアフリカに活発に進出します。１８４2年には中国王朝の清《しん》との戦争（アヘン戦争）に勝利し、東アジア貿易の拠点として香《ホン》港《コン》を獲得、１８５８年にはインド全土を支配下に置きました。

こうして世界各地に植民地を持つようになったイギリスでしたが、人的（軍隊の駐《ちゆう》屯《とん》）・金銭的な負担を減らすべく、英領北アメリカが自衛のための戦力を備え、一定の自治を行うことを望むようになります。英領北アメリカにとって軍事面で最大の脅威《きょうい》はアメリカでした。１８１２～１８１４年の米英戦争が終結したのちも両国の対立は完全には消えておらず、もし戦争となった場合、英領北アメリカが戦場となるのは目に見えていました。さらに、独立時は東部の沿岸部だけだったアメリカが、1783年のパリ条約（60ページ参照）、1803年の仏領ルイジアナ（ミシシッピ川以西の地をスペインが1800年にフランスへ返還）の買収、メキシコとの戦争を経て現在のテキサス州など西部の諸州にまで領土を拡大していたこと、オレゴン条約で定めた国境を越えて北に領土を拡大しようとする声と英領北アメリカの併合を唱える声がアメリカで上がっていたことも、イギリスがアメリカに対する警戒心《けいかいしん》を強める要因となっていました。

高まる統一への機運

政治の不安定な状態が長く続いていた連合カナダでは、イギリス系とフランス系、保守派と改革派、それぞれの対立によるゆきづまりを打開すべく、イギリス系の保守派議員のジョン・A・マクドナルドと、フランス系保守派議員でイギリス系との協調をはかるジョルジュ・エティエンヌ・カルティエが協力関係を結び、1854年に保守党を結成します。マクドナルドは、幼少期にイギリスのスコットランドからアッパー・カナダ

（西カナダ）に移住して弁護士となった人物です。カルティエはロワー・カナダ（東カナダ）生まれの弁護士でした。フランスからの移民である父親とケベック生まれの母親のもとで育ち、青年期には１８３７年の反乱（72ページ参照）に参加していました。

１８５６年には保守党による内閣が成立しますが、議会でイギリス系の改革派（クリア・グリッツ）、フランス系の改革派（ルージュ）と衝突することになります。

かつて連合カナダが成立したとき、西カナダの人口は約48万、東カナダの人口は約67万でしたが、西カナダと東カナダの議員は同数とされていました。その後、移民の増加によって西カナダの人口が東カナダを上回ります。このため、クリア・グリッツは人口の多いイギリス系住民の声を政治に反映させるべく、議員数を人口比例にするべきだと強く主張しました。

クリア・グリッツはほかにも、ハドソン湾会社の管理下にある西部の開拓を積極的に進めることを主張します。西カナダでは農業人口が増加するなか、新たな農地が不足していたためです。さらには、中央政府に対して各地域の権限が大きい連邦制の導入を求める主張をすると、ルージュもこれに賛同しました。

こうした改革派の主張を踏まえ、保守党は3つの沿海植民地も含めた英領北アメリカ全体の統合を議会に提示します。このことは保守党の立場と国益が合致する方針でした。かねてより、保守党による連合カナダ政府は産業界の利益を重視し、グランドトランク鉄道に多大な資金援助を行っていました。ところが、五大湖周辺はアメリカの鉄道会社が輸送を担《にな》っていたのに加え、沿線の人口が少ないグランドトランク鉄道の運営は赤字続きで、財政に負担をかけていました。そこで、グランドトランク鉄道の重役でイギリスの鉄道行政に深く関わっていたエドワード・ワトキンが大胆な提言を行います。それが、英領北アメリカを統合して、モントリオールとノヴァスコシアのハリファクス港を結ぶインターコロニアル鉄道を完成させ、さらに西部地域から太平洋岸に至る大陸横断鉄道を建設し、英領北アメリカ全体を大きな1つの経済圏にするというものでした。

南北戦争が後押しした団結

政治面からも経済面からも英領北アメリカの統合が議論されるなか、まったく予想外の方向から事態を大きく動かすできごとが起こります。それが、1861年4月に始まったアメリカの南北戦争です。

当時のアメリカ北部の諸州は商工業が発達しており、国内産業を守るため保護貿易政策を取り、人道的な面から奴隷制度を廃止していました。一方、南部の諸州は海外に輸出する綿花の栽培が主な産業であり、農場で大量の黒人奴隷を働かせていました。北部と南部が奴隷制を認める州の範囲をめぐって対立するようになると、南部の諸州はアメリカ連合国（南部連合）を結成し、合衆国からの離脱を宣言します。北部の中央政府がこれを許さなかったことから、両地域は戦争に突入したのです。

イギリスは南北戦争においては中立の立場を表明しましたが、アメリカ南部から綿花を輸入していたこともあり、どちらかといえば南部に肩入《かたい》れしていました。その立場を危《あや》うくする事件が１８６１年11月に起こります。バハマ沖

そのころ、日本では？

非礼だとして薩摩《さつま》藩士がイギリス人数人を殺傷した生麦《なまむぎ》事件が1862年に発生しました。イギリス側は薩摩藩にも賠償《ばいしょう》などを求めますが、薩摩藩はこれを拒否します。すると、翌年、イギリス艦隊が鹿児島湾に現れ、艦砲《かんぽう》射撃を行ったことで、市街地に大きな被害が出ました。

の公海上でイギリスの郵便船トレント号がアメリカ北軍の艦艇《かんてい》に停船させられ、乗っていた南部の特使が捕《つか》まったのです。このトレント号事件で両国の関係は急速に悪化し、アメリカ北軍が英領北アメリカに侵攻してくるのではないかという懸念《けねん》が生まれました。

連合カナダ政府はアメリカとの開戦に備え、大規模な市民軍の設立を唱えます。しかし、予算不足からフランス系議員が反対に回ったため、議会で否決されました。危機感を強めるイギリスは、英領北アメリカを1つの連邦に統合し、一丸となってアメリカに対する防備を固めるようにうながします。

南北戦争が長期化するなか、混乱が続いていた連合カナダの政界は一致団結するようになり、保守党と敵対していたイギリス系改革派の有力議員ジョージ・ブラウンは、保守党と協力関係を結びます。イギリス系住民を敵視していた東カナダのカトリック教会関係者も、カトリックを敵視する傾向が強いアメリカによる併合を恐れ、英領北アメリカ統合の支持に回ります。

1864年には、フランス系の急進改革派以外の議員が結集した大連立内閣が成立します。マクドナルド、カルティエ、ブラウンを中心としたこの内閣は、英領北アメリカの各地域による連邦の結成、各地域の人口に比例した数の議員の選出、ハドソン湾会社の管理下にある西部地域の編入を目標に掲げました。

小さな島での合意

連合カナダで英領北アメリカの統合が進められる一方、ニューブランズウィック、ノヴァスコシア、プリンスエドワード島の沿岸部の3つの植民地でも、アメリカではなく連合カナダとの関係強化が模索されていました。その大きな一歩として期待されたのが、モントリオールとノヴァスコシアのハリファクス港を結ぶインターコロニアル鉄道の建設に関する協定でした。ところが、連合カナダ内の意見対立からこの協定は棚上《たなあ》げされます。そこで沿岸部の植民地の代表者らは、沿岸部の植民地だけを統合する方針を固め、1864年9月にプリンスエドワード島のシャーロットタウンで、この問題を話し合う会議（シャーロットタウン会議）が開かれることになりました。連合カナダ首脳のマクドナルド、カルティエ、ブラウンはこの会議への参加を要求し、受け入れられます。

3人が会議の席上で英領北アメリカ全体の統合の必要性をうったえると、沿岸部の植民地の代表も同意に傾きました。そのため、この会議は「連邦結成のゆりかご」とも呼ばれます。同年10月には連合カナダと沿岸部の各植民地の代表に加え、ニューファンドランドの代表も交えた会議がケベック・シティで開催され（ケベック会議）、議論の末に連邦の方針を定めた「ケベック決議」が採択されます。のちに連邦が結成されることから、シャーロットタウン会議やケベック会議に参加した代表者らは「連邦結成の父祖《ふそ》たち」として今日たたえられています。

ケベック会議での争点は、連邦の結成後、中央政府に対する各地域の政治的な自立性をどれだけ認めるかでした。連合カナダ内では、イギリス系による同化を嫌うフランス系を中心に統合への反対意見は少なくありませんでした。それでも、連合カナダ議会では91対

33の大差でケベック決議が可決されます。

一方、沿岸部の各植民地の議会では、連合カナダの財界人に経済的な主導権を握られることへの懸念から連邦への参加に反対する意見が多数を占めます。人口が少ないプリンスエドワード島は、連邦に参加しても大して政治的な発言力が得られないことが想定されました。ニューファンドランドも、連合カナダよりもイギリスと経済的な結びつきが強いことに加え、カナダ本土と陸続きではなかったため、たとえインターコロニアル鉄道が開通しても恩恵《おんけい》は得られないと考え、連邦への参加には消極的でした。

それでも英領北アメリカの統合を推し進めたいイギリスは、ニューブランズウィックとノヴァスコシアに対し、連邦への参加を支持する勢力が議会の主導権を握るようはたらきかけます。さらに連合カナダが、その見返りとして経済的な支援を約束したことで、巨額の財政赤字を抱える沿岸部の各植民地は連邦への参加に傾いていきました。

襲われた沿岸部の植民地

南北戦争は1865年に北軍の勝利で終わりました。戦争中、アメリカ大統領のリンカーンが奴隷解放宣言を発したことで、人道的な見地からイギリスの世論もアメリカ政府への支持に傾いていました。それでも、英領北アメリカが抱えるアメリカとの緊張関係は続きます。

イギリスが南北戦争の最中は中立の立場だったことにふれましたが、イギリスの民間造船所は南軍から発注を受けてアラバマ号などの軍艦《ぐんかん》を建造しており、それらにより北軍の軍艦や輸送船は多大な被害を受けました。終戦後、アメリカ政府はこれを中立義務違反としてきびしく非難し、一部の政治家は賠償の代わりに英領北アメリカを併合するよう主張しました。

アメリカとの間に険悪な空気が流れるなか、アメリカ側の要求で1866年3月に米加互恵通商条約（81ページ参照）が失効し、英領北アメリカはアメリカとの貿易で関税の優遇措置が得られなくなります。その翌月、アメリカに住むアイルランド系移民らが結成した、アイルランドの独立を唱える武装勢力（フィニアン同盟）が、イギリスに対する抗議行動の一環としてニューブランズウィックの沿岸を襲撃しました。5～6月にもフィニアン同盟が英領北アメリカ領内に侵入し、西カナダで市民軍と交戦したのち撤退します（リッジウェイの戦い）。この一連の戦闘を機に、沿岸部の植民地でも防衛力を強化するために連邦への参加を求める声が高まります。

1866年12月、連邦への参加に合意した連合カナダ、ニューブランズウィック、ノヴァスコシアの代表とイギリス政府関係者による会議がイギリスのロンドンで開かれました。このロンドン会議での合意をもとに、イギリス議会で法案が審議・可決され、女王ヴィクトリアの許可を得て、1867年3月に「英領北アメリカ法」が成立します。これにより、カナダはイギリスに属しつつ、自治権を持った連邦国家となったのです。

20世紀後半にカナダ憲法が成立するまで（くわしくは後述）、英領北アメリカ法は実質的なカナダ自治領の憲法とされます。アメリカ独立宣言では「生命、自由、幸福の追求」という価値観が掲げられたのに対し、英領北アメリカ法では、自治領が掲げる価値観として「平和、秩序、良き統治」という語句が記されています。

「王の統治・領土」

1867年7月1日、英領北アメリカ法が発効され、「カナダ自治領」（ドミニオン・

オブ・カナダ）が誕生しました。カナダはこの日を建国記念日と定めており、祝日となっています。同日は１９８２年10月までは「ドミニオン・デー」、以降は「カナダ・デー」と呼ばれ、現在も国旗を掲げた祝賀イベントが各地で開催されています。

なお、カナダでは、自治領の成立を決めた女王ヴィクトリアに深い敬意を表し、その誕生日である5月24日の直前の月曜日も祝日に定めます。こちらは「ヴィクトリア・デー」と呼ばれています。ヴィクトリア・デーは、カナダ国民にとって夏の始まりという季節の節目にもなっており、カナダ・デーと同じく各地で祝賀イベントが開かれます。ただし、ケベック州では「ジュルネ・ナシオナル・デ・パトリオト」（英語では「ナショナル・パトリオッツ・デー」といい、「愛郷者《あいきょうしゃ》の日」を意味する）という名称で、同州の英雄をたたえる日になっています。

イギリスでは、イングランド国王がスコットランド王国やアイルランド王国の君主を兼ねていたので、連合カナダを代表していたマクドナルドは、これらと同じように「カナダ王国」（キングダム・オブ・カナダ）という呼称を提案しています。しかし、それではイギリス本国と同格の国家であるような印象を持たれてしまうため、イギリス側は難色を示しました。そこで代替案として、ニューブランズウィック代表のレナード・ティリーが『旧約聖書』の詩篇《しへん》から「王の統治・領土」を意味する「dominion」（ドミニオン）という語句を用いることを提案し、イギリス側はこれを認めました。以降、ドミニオンという語は、イギリスが自治権を与えたほかの地域でも使われるようになっていきます。ただし、１９４９年にドミニオンが外されて以来、国名は「カナダ」です。

イギリスはその後、カナダ自治領と同じように、オーストラリアやニュージーランドなど、白人の移民が多数を占める植民地の自治を認めていきます。一方、白人の移民が少数しかいないアジアやアフリカの植民地には、なかなか自治を認めませんでした。

アメリカを教訓とした政治体制

英領北アメリカ法の成立により、カナダ自治領は自治権、すなわち自治領の人々が内政を行う権利は獲得しましたが、外交権と憲法の改正・廃止の権利は、イギリスが保持し続けました。引き続き、国家元首はイギリス国王であり、その代理として総督がカナダ自治領に赴任しますが、いわば名誉職《めいよしょく》のような立場です。総督の任期は明文化されず、

カナダの政治体制（現行の制度）

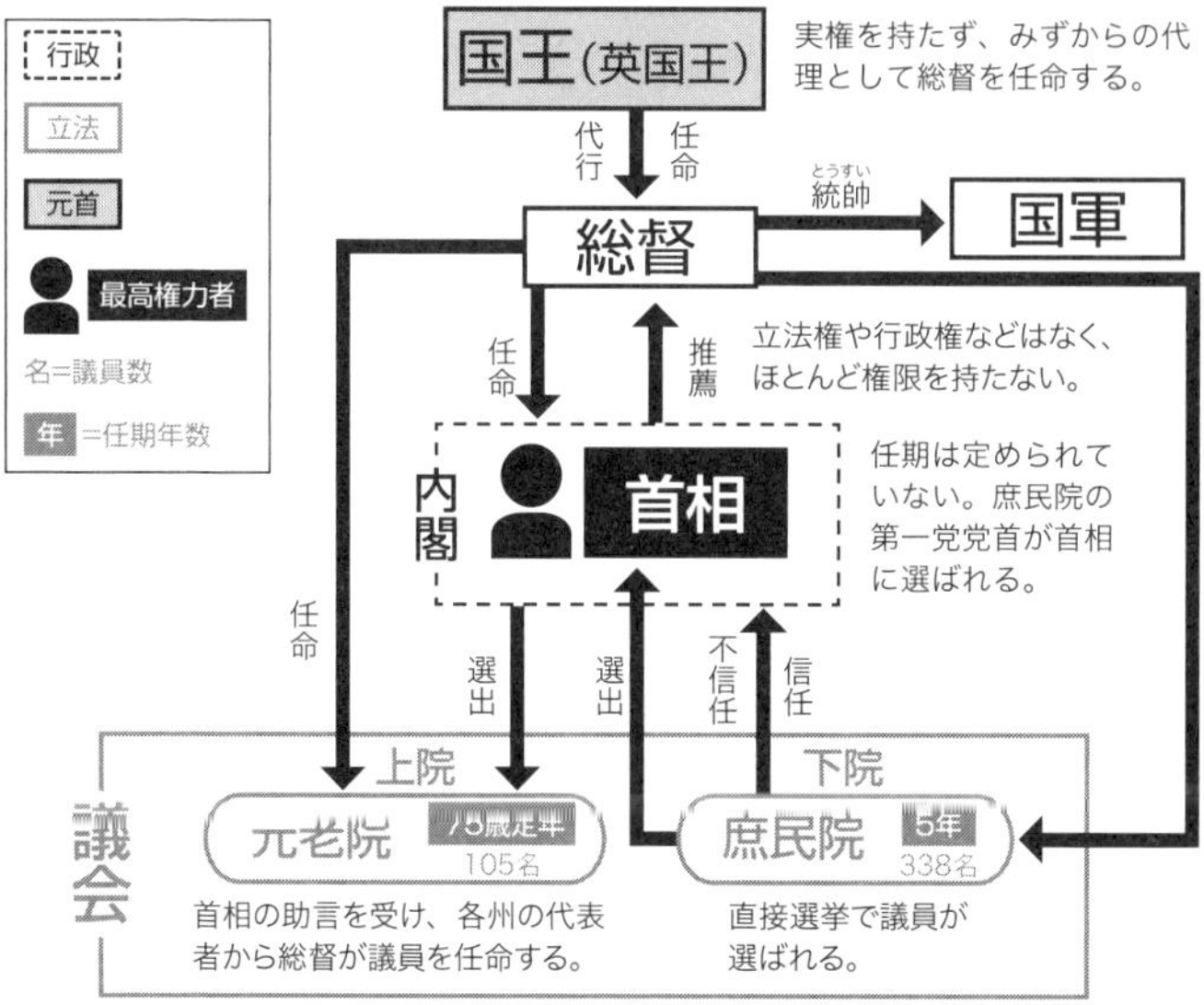

3〜6年程度です。自治領の成立以前も含め、初期の総督は主にイギリスから派遣された有力貴族出身の政治家が務めていましたが、時代が進むと、カナダ自治領で生まれた人物が総督に就任するようになります。

国王と総督のもとで実質的な政府のトップを務めるのは内閣の首相で、イギリスと同じく議会の下院で多数を占める党によって組閣される議院内閣制です。余談ながら、アメリカは議会の議員と別個に政府のトップである大統領を国民が選出しており、カナダに隣接する国ながらも政府の仕組みがまったく異なります。

議会はイギリスにならった二院制です。首相の推薦《すいせん》によって総督が任命した議員からなる上院（元老院《げんろういん》）と、国民の選挙によって議員が選出される下院（庶民院《しょみんいん》）からなり、国民の意見を反映する下院により大きな権限が与えられています。

ちなみに、1866年に完成した国会議事堂（1916年に焼失し、1927年に再建）はオタワ川に面した丘の上にあり、中央棟《ちゅうおうとう》の正面から見て右に上院、左に下院の本会議場を置きました。この建物は高さ約92メートルもある中央塔の通称から「センター・ブロック」と呼ばれ、会議場、図書館、展望台などが一般公開されており、国内外から観光客が訪れます。

自治領の成立に際し、連合カナダはイギリス系住民の多い西部のオンタリオ州と、フランス系住民の多い東部のケベック州へと再び分割されました。

各州には、それぞれ州議会が置かれ、州首相が首長になりました。ただし、各地域に対するオタワ連邦政府の権限は大きく、連邦政府は各州の議会が制定した法律を不許可とする権限を有しています。各州に一定の独立性を認めたアメリカで南北戦争が起こっ

カナダ自治領の成立時の北米大陸

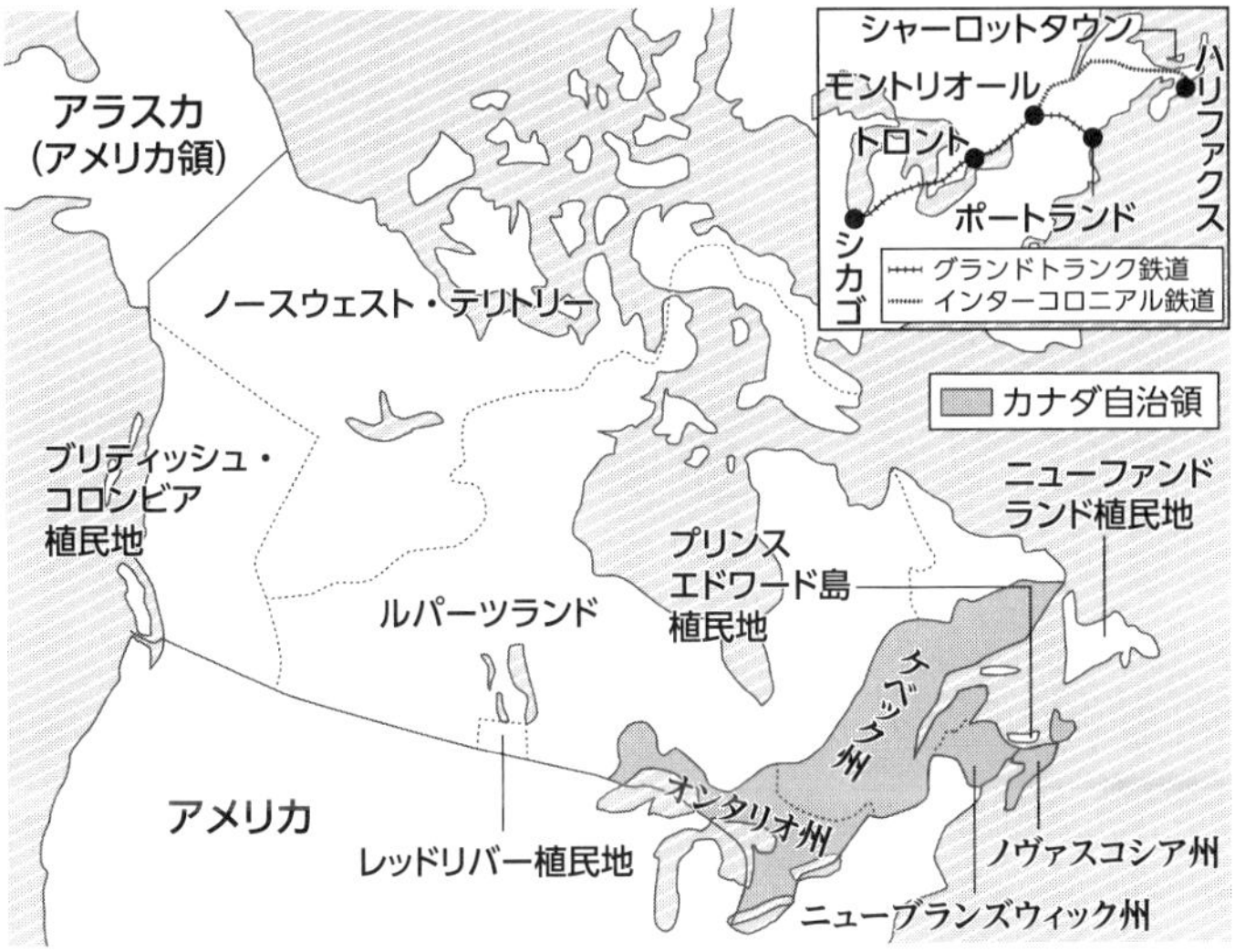

たことを教訓とし、イギリスとカナダ自治領の首脳陣は中央集権的な体制としたのです。それでも、州ごとに民族構成、産業構造などがまったく異なることから、連邦政府と各州の衝突がたびたび発生し、対立をいかに防ぐかが重要な政治課題となっていきます。

　このころ、経済面でも動きがありました。英領北アメリカでは、カナダドルのほかに地域ごとの通貨が発行されていましたが、1871年に通貨はカナダドル（C$）に統一されました。

知れば知るほどおもしろいカナダの偉人④

世界標準時をつくった技師

サンドフォード・フレミング

Sandford Fleming

(1827～1915)

技師を経て学術機関の長に

19世紀に世界の交通網が発達すると、離れた地域同士で正確に時刻を合わせる必要が生じ、1884年にイギリスのグリニッジを基準の地とする世界標準時が制定されました。これを決定したのがフレミングです。

生まれはイギリスのスコットランドで、青年期に測量技師になるとカナダへ移り、グランドトランク鉄道に雇《やと》われます。1871年にカナディアン・パシフィック鉄道の主任技師になり、みずから綿密な実地調査を行って大陸横断鉄道の主要なルートを決定しました。

1880年にカナディアン・パシフィック鉄道を退社後、イギリス、カナダ、オーストラリアなどを結ぶ世界的な電信網の敷設を提唱《ていしょう》し、国際子午線《しごせん》会議を開いて世界標準時を確立させます。学術研究機関のカナダ王立協会会長、オンタリオ州のクイーンズ大学総長を務めたのち、ノヴァスコシア州のハリファクスで死去しました。

chapter 5

自治領としての歩み

領土が一気に広がる

カナダ自治領（以降、カナダ）の成立後、選挙を経て保守党が政権の座に就《つ》き、アッパー・カナダ首相として連邦結成を主導したマクドナルドが、初代首相に就任します。以降、マクドナルドは1891年6月に没するまで、数年の下野《げや》を挟《はさ》み、通算19年間にわたって首相を務めます。カナダ政界にはマクドナルドという名の有力な政治家がほかにもいましたが、初代首相のマクドナルドはイギリス国王から贈られた「サー（準男爵《じゅんだんしゃく》）」の称号を持っていたので、「サー・ジョン」（マクドナルド卿《きょう》）とも呼ばれます。

マクドナルドは政敵との衝突を避けるために不用意な決断はせず、問題解決の先のばしをすることが多かったので、「オールド・トゥモロウ」（「古い明日」、「後日にまわす」という意味）というあだ名がつけられました。カナダの政界は、イギリス系議員とフランス系議員の衝突、各州の利害対立、外交上でのイギリスとアメリカとの板挟《いたばさ》みといった問題を抱えるためか、以降もマクドナルドのように即断即決せず、慎重《しんちょう》に交渉を重ねる方針が取られます。

ようやく自治領が成立したとはいえ、各地域の産業構造や文化は大きく異なり、連邦政府と地方政府の利害対立が絶えることはありませんでした。ノヴァスコシア州で早くも連邦離脱の動きが高まると、マクドナルドは経済援助を約束することでノヴァスコシア州を連邦に何とか引き留めています。

初期のカナダにおける連邦拡大の政策は、マクドナルドの意志に沿ったものでした。マクドナルドはカナダの産業界、とりわけ鉄道会社と密接な関係にありました。そのため、まだ連邦政府の統治下にない太平洋岸のブリティッシュ・コロンビア植民地を自治領に編入し、大陸横断鉄道を完成させることを目指しました。その第一歩として、ハドソン湾会社が管理するルパーツランド（87ページ参照）を購入する交渉を進めます。このルパーツランドは、旧連合カナダを中心とするカナダ自治領の面積の約8倍もの広さがありました。交渉にあたって、ハドソン湾会社は1867年にアメリカがロシア

19世紀後半の北米大陸

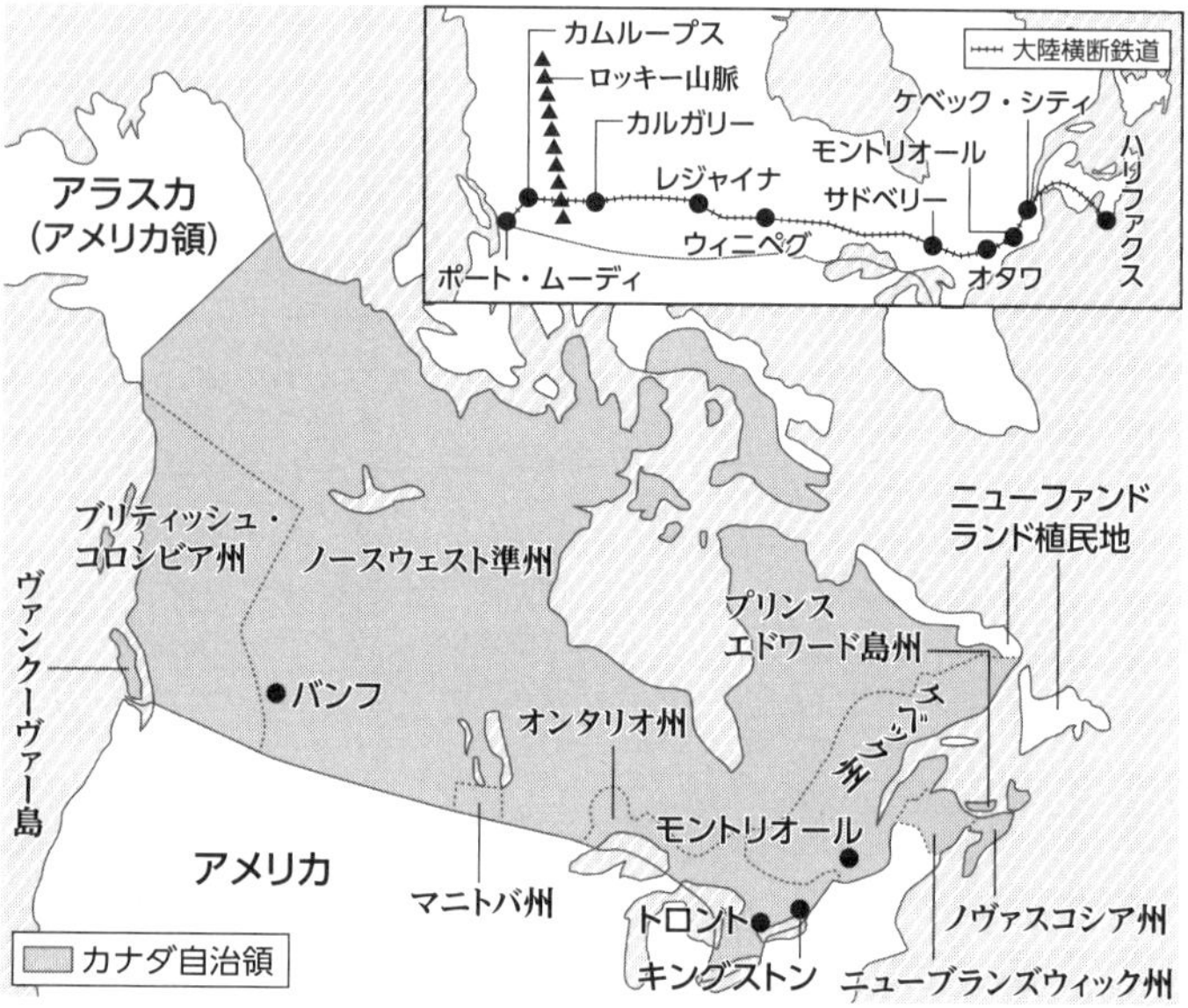

からアラスカを７２０万ドルで購入したことを引き合いに出し、ルパーツランドには４０００万ドル以上の価値があると強気の態度を取ります。ちなみに、19世紀中ごろのアメリカでは地域によって差はありますが、労働者階級の日給は１～２ドル程度でした。

　カナダ自治領政府は交渉の末、イギリスの仲介もあって、１８６８年7月にハドソン湾会社と合意に至ります。その条件は、約１５００万ドル（30万ポンド）

の補償金と、ルパーツランドで最も農業に適した地域の25万エーカー（約1012平方キロメートル）をハドソン湾会社に譲渡《じょうと》するというものでした。かくして、ルパーツランドは「ノースウェスト準州」として連邦に編入されます。準州とは、ほかの州よりも自治権が小さく、連邦政府が行政と立法に大きく関与できる行政区域のことです。なお、ハドソン湾会社はその後、貿易事業を続けたほか、飲食業や不動産業にも進出したのち、現在ではカナダ全国に展開するデパートなどにその名を残しています。

〝郵便切手並〟の小さな州

ルパーツランドの先住民や、ヨーロッパ人と先住民の混血のメティス（メイティ）は、ハドソン湾会社とおおむね友好的な関係を築いていました。しかし、カナダ自治領政府はルパーツランドを編入するにあたって、彼らに何も相談しませんでした。その後もマクドナルド政権は、先住民を生まれ育った土地から政府が指定した居留地に追いやるなど、先住民に差別的な政策を取ります。

1869年10月、ルパーツランド内のレッドリバー植民地に住むメティスが自治領政府の測量隊を追い返し、抗議活動を展開します。メティスのリーダーだったルイ・リエルは、ケベック州の都市モントリオールの神学校を出て、法律事務所に勤務した経験のある人物です。リエルを首班とする臨時政府が設置され、メティスは自分たちの権利と居住地を維持することを自治領政府に強くうったえました。これは、レッドリバー反乱と呼ばれます。リエルはフランス系の血を引くカトリック教徒だったこともあり、ケベック州のフランス系住民にも反乱を支持する動きが広がります。

自治領政府は武力衝突を避けつつ、レッドリバー臨時政府と交渉を進めます。最終的にレッドリバー植民地を「マニトバ州」として連邦に編入させ、住民の財産や権利を保証し、ケベック州と同様にカトリック信仰を認めることに同意しました。マニトバ州は1870年7月に成立しますが、当時の州域は現在のマニトバ州よりはるかに小さく(1912年にノースウェスト準州の一部地域を吸収して州域が拡大)、当時は〝郵便切手並の大きさ〟と皮肉られました。

交渉が進められている最中、カナダ党というオンタリオ州の過激なイギリス系住民の組織が、レッドリバー臨時政府を襲撃する事件が起こります。レッドリバーの住民には、フランス系だけでなくイギリス系と先住民の混血も多数いましたが、カナダ党はリエルらを敵視していたのです。リエルの部下はカナダ党のメンバーを捕まえ、その1人を処刑しました。これをきっかけに、オンタリオ州のイギリス系住民の間でレッドリバーに侵攻しようという声が高まります。

マクドナルドはこの動きに押され、1870年8月、レッドリバーに鎮圧部隊を送ります。リエルはアメリカに逃亡し、レッドリバーは政府の占領下に置かれました。ただし、1カ月前にマニトバ州は成立しており、メティスたちの要求は実現されたといえます。といってもそれは一時的で、東部から移住者が増えるにつれ、彼らの居場所はなくなっていきます。

以降も先住民・メティスと自治領政府との衝突はくり返されました。また、中西部には密猟者《みつりようしや》をはじめとする無法者の集団がいました。こうした辺境の土地の治安を維持するため、1873年にノースウェスト準州でノースウェスト騎馬警察隊（NWMP）が創設されます。赤い制服がトレードマークにもなっている軍隊に準じた組織で、その後、全国規模に拡大し、1920年に王立カナダ騎馬警察（RCMP）と改称されました。

負債を肩代わりして領土拡大

太平洋に面するブリティッシュ・コロンビア植民地では、1850年代に金鉱が発見されてゴールドラッシュが起こり、人口が急増していました。しかし、金の採掘による好景気が一時的なものに終わり、一転して財政赤字が続くと、イギリス本国の介入によって、1866年に同地に隣接するヴァンクーヴァー島植民地（1849年に成立）と統合されます。

それでも債務《さいむ》（借金）に苦しむブリティッシュ・コロンビア植民地政府に対し、マクドナルドは連邦への参加を強くはたらきかけ、その条件として債務の肩代《かたが》わりと、大陸横断鉄道の早期の開通を約束します。これにより、1871年7月にカナダ自治領へ編入され、「ブリティッシュ・コロンビア州」が成立しました。

同じく連邦に未参加のプリンスエドワード島も巨額の債務を抱えていました。島民すべての利便性を高めようと鉄道の支線を増やした結果、3マイル（約4・8キロメートル）に1駅という間隔で駅が設置され、建設費がかさんだことが原因です。

マクドナルドは、隣接するアメリカに対する防衛と大西洋岸の漁業利権の確保のために、プリンスエドワード島の連邦への編入が必要と考えていました。そのため、債務を引き受けるのに加え、カナダ本土とプリンスエドワード島を結ぶ定期フェリーの運航、小さな島である同地をオンタリオ州やケベック州と同格の州としてあつかうという条件を提示します。プリンスエドワード島植民地政府はこれを受け入れ、1873年7月に「プリンスエドワード島州（プリンス・エドワード・アイランド州）」が成立します。

かくして、カナダ自治領の成立から数年のうちに、英領北アメリカの大部分が連邦に編入しました。なお、連邦に編入しなかったニューファンドランドは、1918年にカナダとは別の自治領になります。

米英と交渉の席につく

カナダ自治領が成立したのと同じ1867年、アメリカはアラスカを獲得しました（65ページ参照）。勢いづいたアメリカでは、カナダも自国に編入しようという意見が再燃します。この背景には、南北戦争中にイギリス企業が中立義務に違反して南軍に軍艦を売却したことへの怒りもありました（97ページ参照）。アメリカの議会や政府はアラバマ号をはじめとするイギリス製の軍艦が北軍に与えた被害を過大に主張したうえ、賠償金を支払う代わりにカナダの併合をイギリスに求める声が高まります。

もう1つ、カナダとアメリカが抱えていた問題として大西洋岸でのカナダ近海の漁業権がありました。1866年に米加互恵通商条約が失効してからは、カナダ近海で操業する違法なアメリカ漁船をカナダの沿岸警備隊は容赦《ようしゃ》なく捕まえていました（条約では北緯36度以北の領海で相互の漁業権を認めていた）。マクドナルドはこの問題を交渉材料に米加互恵通商条約を復活させ、カナダ経済の利益につなげたいと考えていました。

折しも1866年には、アイルランドの独立を唱えるフィニアン同盟が英領北アメリカ沿岸を襲撃しており、このフィニアン同盟の部隊がアメリカ国内に拠点を持っていたことから、カナダ政府はアメリカの責任を追及していました。

アラバマ号に関連する問題（アラバマ号事件）と漁業権の問題について、1871年2月から5月にかけてイギリスとアメリカの間で交渉が行われます。カナダは外交権を有していませんでしたが、イギリス側の一員としてマクドナルドが交渉への参加を認められました。議論の末、両国は合意に達し（ワシントン条約）、アラバマ号事件はスイスの国際仲裁裁判に持ち込まれ、翌年9月に中立義務違反の判決が出たため、イギリスが賠償金を支払うことで決着しました。

マクドナルドが期待した米加互恵通商条約の復活は交渉の過程で実現しませんでした。フィニアン同盟から受けた被害については、アイルランド系住民との摩擦を避けたいアメリカの意向で交渉の議題から外されたためです。その代わり、この被害の補償を肩代わりするとイギリス本国に持ちかけられ、マクドナルドはこれを受け入れます。

結局、ワシントン条約の締結はカナダの直接の利益には結びつきませんでした。とはいえ、マクドナルドが交渉の場に参加できたことは、アメリカ政府がカナダ自治領を国家として認めたともいえます。以降もカナダ自治領は独自の外交権を持たないながら、のちに駐在《ちゅうざい》大使のような役職としてイギリス本国に総代表を置くことになります。条約をめぐる交渉は、カナダの存在を世界に示す第一歩になったといえるでしょう。

その後、アメリカとの関係を改善させたイギリスがカナダに駐留させていた陸軍部隊を撤兵《てっぺい》させたことで、カナダは自前で防衛力を高める必要性に迫られていきます。

資金提供で政権交代

マクドナルド政権から大陸横断鉄道の建設事業を受注したのは、1872年に創設されたカナディアン・パシフィック鉄道（カナダ太平洋鉄道）でした。その経営権を握っていたヒュー・アランはモントリオールに拠点を置く海運業者として多大な利益を手にし、アメリカの投資家の協力を得て鉄道事業に参入した大富豪です。

アランは建設事業を確実なものにすべく、秘密裏《ひみつり》にマクドナルドが所属する保守党に30万ドル以上の選挙資金を提供します。1873年7月の新聞でこのことが暴露《ばくろ》されると、野党はもちろん国民も資金提供は保守党への賄賂《わいろ》とみなし、政局は混乱します（パシフィック・スキャンダル）。

同年11月にマクドナルド内閣は総辞職に追い込まれ、自

そのころ、日本では？

朝鮮王朝と国交を結ぶよう主張する西郷隆盛や板垣退助ら一派と、内政を優先すべきという大久保利通をはじめとした一派とが対立します。その結果、西郷や板垣ら５人の参議が1873年に辞職し、政権の中枢から去りました。これを明治六年の政変といいます。

由党のアレクサンダー・マッケンジーが新たに首相の座に就きました。翌年1月の選挙では自由党が勝利します。スコットランド出身のマッケンジーはカナダへ移住後、建設請負《うけおい》業者として働いたのち、オンタリオ州選出の議員へと転身した人物です。マッケンジー政権のもとでは、先住民を除くカナダ人男性のほとんどに、連邦議会の選挙権が認められます。国家機構の整備も進み、1875年には英領北アメリカ法にもとづいてカナダ最高裁判所が創設されます。翌年にはオンタリオ州の南東部の都市キングストンに、カナダ軍の士官を育成する王立陸軍大学が開校しました。

1876年4月には、これまであった先住民に関するさまざまな法律を整理した「インディアン法」が成立します。先住民の定義、白人の移民と結婚した先住民やその子どもの処遇《しょぐう》を明確にし、一定の条件のもとで先住民の土地の保有を保証したうえで、白人の移民が許可なく先住民の居留地に侵入することを禁じるなど、先住民と白人の移民との間でトラブルが生じた際の法的な対応が明文化されました。

経済政策では、政府が商工業者や農民を直接的に支援するのではなく、当時のイギリスが海外市場の拡大とともに進めていた自由貿易の方針に沿う形で、自発的に国内産業の成長をうながそうとしました。ところが、1873年のオーストリア＝ハンガリー帝国のウィーン証券取引所での株価の暴落をきっかけにヨーロッパは大不況に陥《おちい》っており、カナダもこの影響で景気が停滞《ていたい》します。

国内産業を育てよう

政権の奪取をはかるマクドナルド率いる保守党は、「ナショナル・ポリシー」という政策案を掲げます。これは、外国製品の関税を引き上げることで国内の産業を保護しようというものです。この政策は広く国民に支持され、1878年9月の総選挙で保守党が勝利し、マクドナルドは政権に復帰します。

保守党政権のもとでナショナル・ポリシーが成立すると、関税率はそれまでの平均17・5％から25％へと大きく引き上げられました。とくに税率が上がったのが、衣類や農機具をはじめとする工業製品です。かつて南北戦争の時期（1861〜1865年）にアメリカからの輸入が減少したため、その穴を埋《う》めるためにカナダ国内の製造業は発達しました。この時期に向上したカナダの工業力と商工業者の利益を引き続き維持するため、今度は政策としてアメリカの工業製品が入ってきづらくしたわけです。

ナショナル・ポリシーによって綿製品や羊毛製品をはじめとする繊維産業は大きく成長するとともに、引き上げられた関税は国の収入増加にもつながりました。その反面、アメリカ製の安価な工業製品が輸入されなくなったことで物価が上昇します。さらに、東部よりも工業生産力が低く、物流網があまり発達していない西部では生活用品の不足に悩まされる住民も少なくありませんでした。

この事態を受け、アメリカ企業はカナダに商品を輸出するのではなく、カナダに工場を建設するようになったほか、カナダの企業に投資するケースが増えていきます。結果、その後のカナダ経済にアメリカの影響力が強く残ることになります。

苦難続きの鉄道敷設

ナショナル・ポリシーにより国内の財政に余裕ができると、マクドナルドは大陸横断鉄道の建設に再び乗り出します。1880年、カナディアン・パシフィック鉄道は再編され、アメリカ中西部を拠点にカナダのマニトバ州などと結ぶノーザン・パシフィック鉄道の経営者だったジェームズ・ヒル、モントリオール銀行の頭取ジョージ・スティーブン、ハドソン湾会社の幹部のドナルド・スミスらが経営トップの座に就きます。なお、のちにヒルはカナディアン・パシフィック鉄道を去り、アメリカでグレート・ノーザン鉄道の事業拡大に乗り出して大成功を収めます。この鉄道は、カナダとの国境沿いを走る大陸横断鉄道で、カナディアン・パシフィック鉄道の強力なライバルとなります。

大陸横断鉄道の建設はカナダを大西洋岸から太平洋岸まで一体化させるという、連邦結成からの国家規模の目標です。それだけに政府と事業の主体となる会社の結びつきは強く、政府はカナディアン・パシフィック鉄道に対して2500万ドルの助成金を拠《きょ》出《しゅつ》したほか、開拓が見込まれる中西部の平原地帯（プレーリー）の土地2500万エーカー（約10万1171平方キロメートル）の所有権、さらには10年にわたって競合する線路をほかの鉄道会社に敷設させないなどの独占権を与えています。

新たに就任した経営陣は、アメリカの鉄道経営に明るく「鉄路の皇帝」の異名を持つウィリアム・ヴァン・ホーンを雇い、線路の敷設計画と指揮にあたらせました。工事はカナダの大西洋側と太平洋側の双方《そうほう》から進められます。中西部の平原地帯での工事は順調でしたが、険しいロッキー山脈一帯のトンネルの掘削《くっさく》作業では土砂の下敷《したじ》きになる作業員が続出しました。このころには北米大陸とアジアをつなぐ太平洋航路が発達していたことから、太平洋側の工事には中国清朝の清からやってきた労働者が大量に投入されましたが、アジア人に対する差別意識もあり、賃金などの労働条件は劣悪《れつあく》でした。

カナダの国土は東西5550キロメートルにもおよび、川や湖が多いうえ、ロッキー山脈には高さ3000メートル以上の山々が連なっています。それだけに工事は予想以上に難航し、カナディアン・パシフィック鉄道は何度も政府に追加資金の投入を要請《ようせい》しました。ところが、政府は出資をしぶります。それでもカナディアン・パシフィック鉄道は全線開通まであと少しというところまでこぎつけますが、ついに経営破綻《はたん》の寸前まで追い込まれます。その最中にノースウェスト準州で大事件が起こります。

帰ってきた反逆者

当時、ノースウェスト準州のバトーシュ（現在のサスカチュワン州中部）にはメティスの集落が築かれていました。住民の生活環境は苦しく、1869年のレッドリバー反乱のあとアメリカに逃亡していたルイ・リエル（110ページ参照）に協力を求めます。政府への抗議運動の指導者となったリエルは、1885年3月にバトーシュ臨時政府の樹立を宣言し、ベテランの猟師《りょうし》で先住民間での戦闘経験が豊富なガブリエル・デュモンが軍司令官となりました。こうしてノースウェスト反乱が始まります。

反乱の背景はどのようなものだったのでしょうか。当時、西部の開拓と大陸横断鉄道の建設が進むなか、多数の先住民やメティスが生活の場を奪われていました。このことは、カナダとアメリカの中西部にまたがって移動生活を送っていた狩猟を生業とする部族にとって深刻な問題でした。彼らにとってバイソン（バッファロー）は食料源であるとともに、毛皮や骨や油脂も衣類や日用品の材料に使う大切な資源でしたが、アメリカの開拓者は先住民から土地を奪うため、意図的にバイソンを大量に殺戮《さつりく》していたのです。

この影響はカナダも含めた北米全域におよび、狩猟生活を送っていた先住民はやむなく定住農民となります。カナダ政府はインディアン法の一定条件のもと、先住民やメティスの土地の保有は認めたものの、実際には土地の提供はなかなか進みませんでした。

リエルはこうした状況に怒りを爆発させたのです。ただし、1869年のレッドリバー反乱（１１０ページ参照）と異なり、支持は広がりません。反乱に加わるよりも、政府に従うほうが得策と考える先住民とメティスが多かったのです。加えて、リエルが前回の反乱のあと、信仰に熱中するあまりみずからを預言者になぞらえるようになり、カナダ内のカトリック教会の関係者から異端視《いたんし》されていたことも不支持につながりました。

結局、この反乱はカナダ政府が速《すみ》やかに８０００人もの部隊を派遣したことで早々に鎮圧されます。リエルは投降し、１８８５年11月に処刑されます。デュモンはアメリカに逃亡し、のちに許されて帰国しました。その後、長年にわたってリエルは反逆者として非難の対象となります。しかし１９６０年代以降、先住民の権利を認める運動が広がるとともに再評価されるようになっていきます。２００８年には、州の成立のきっかけをつくったリエルの功績を認め、マニトバ州は2月の第3月曜日を「リエルの記念日」と定めました。

さて、カナダ政府はなぜ、素早く大量の部隊を送り込めたのでしょうか。じつは、途中まで完成していた大陸横断鉄道が使われたのです。この反乱の解決を機に、政府はそれまでしぶっていたカナディアン・パシフィック鉄道への追加資金を投入します。

国土の東西が結ばれる

はからずも、ノースウェスト反乱が大陸横断鉄道を完成させる最後のひと押しとなりました。反乱終結後の1885年11月7日、カナディアン・パシフィック鉄道の経営者を代表して、ドナルド・スミスみずから最後の犬釘《いぬくぎ》（レールと枕木を固定する専用の釘）を打ち込み、全線の工事が完了しました。さらに細かい調整や整備を経て、翌年6月に最初の旅客列車が運行を開始します。

大陸横断鉄道の開通によって、人や商品の輸送も情報の伝達も国土の東西すみずみにまでおよぶようになり、連邦政府を中心とする自治領の一体感は強まります。人口がまばらだった中西部の平原地帯にも移民が流入し

たことで開拓は加速し、農業地帯が広がります。そうして生産された大量の小麦は、オンタリオ州の州都トロントやケベック州のモントリオールなど東部の大都市に送られたほか、海外にも輸出されるようになりました。

また、ロッキー山脈での敷設工事の途中、現在のアルバータ州南部のバンフの西で「氷河から生まれた宝石のような湖」と称されるレイク・ルイーズが発見されます。一帯はカナディアン・パシフィック鉄道によって観光地として広く知られるようになり、カナダ最初の国立公園となります。このバンフ国立公園を含む近隣(アルバータ州とブリティッシュ・コロンビア州に位置する)の7つの自然公園は1984年、ユネスコの世界自然遺産に「カナディアン・ロッキー山脈自然公園群」として登録されています。

もっとも、大陸横断鉄道にまつわる問題も次々と表面化します。カナディアン・パシフィック鉄道は政府から沿線の広大な土地の使用権を優先的に得ていたため、その地域から先住民や開拓者を締《し》め出《だ》しました。さらに、巨額の敷設費用を回収しようと、貨物の輸送料金を割高に設定します。このことは20世紀の中ごろまで、東部の都市でつくられた工業製品や西部の開拓地で生産された小麦などを売買する人々を悩ませ続けました。

初めてのフランス系首相

長期政権を築いたマクドナルドが1891年6月に在任中のまま、76歳で死去しました。生前のさまざまな功績から、後年、カナダドルの10ドル紙幣《しへい》にマクドナルドの肖像《しょうぞう》が採用されます。オタワ国際空港の正式名は、マクドナルドと並んで、カナダ自治領の成立に深く関わったジョルジュ・エティエンヌ・カルティエと合わせて、「オタワ・マクドナルド・カルティエ国際空港」といいます。

マクドナルドの亡《な》きあと、保守党は有力な後継者がおらず、短命の内閣が続きます。しかも、1890年3月にマニトバ州で起こった学校教育における宗教問題をめぐって党内の意見がまとまらず、混乱状態に陥りました。そのマニトバ州の問題とは以下のようなものです。1870年にマニトバ州が成立した際（110ページ参照）、イギリス系の住民とカトリックを信仰するフランス系の住民の待遇は対等でした。ところがその後、イギリス系の住民が大幅に増加すると、マニトバ州政府はカトリック系の学校への補助を廃止して、公立学校と宗教を切り離すと発表し、フランス系の住民がこれに強く反発しました。両者の対立とともに、マニトバ州政府の方針に連邦政府が介入すべきかどうかという論点まで加わり、さらに大きな議論が巻き起こっていたのです。

この問題について、自由党を率いていたウィルフリッド・ローリエは明確な解決策こそ示しませんでしたが、連邦政府による介入を強く批判します。政府への批判が高まる最中の1896年6月に行われた総選挙において自由党は勝利し、ローリエが首相の座に就きます。ローリエは連合カナダ植民地の東カナダに生まれたケベック州選出の議員で、カナダの歴史において初となるフランス系の首相です。フランス系の利害を代弁するだけでなく、イギリス系とフランス系が協調してカナダを発展させるべきと唱え、将来的にはイギリスによる植民地支配の解消、すなわちカナダの完全な独立を目指すべきだと明言しました。このため、「最初のカナダ人」とも呼ばれます。ただし、その政治手法は強引なものではなく、国内のイギリス系とフランス系、連邦政府と各州の対立や、イギリスとアメリカとの外交問題を、慎重な交渉によって妥協点《だきょう》を探るものでした。

政界の争点となったマニトバ州の学校教育について、ローリエはカトリック系の学校への補助を廃止しつつ、公立学校で放課後にカトリック系の教育を行うことを認めるという妥協策を取り、フランス系住民に配慮《はいりょ》する形で問題を決着させました。

英米の間で綱渡り

19世紀末から20世紀のはじめは帝国主義が全盛を迎えていました。イギリスは海外の領土の拡大を進めるフランス、ドイツ、ロシアと競い合い、東南アジア、中東、アフリカなど各地に次々と植民地を築いていきました。

一方のアメリカは、南北アメリカの外の問題には関わらないとするモンロー主義という政策を1820年代から取っていたことから、ヨーロッパの列強の動きとは距離を置いていました。ところが、1880年代に国内の西部がほぼ開拓し尽くされると（フロンティアの消滅）、海外にも勢力を広げようと動き出します。1898年には太平洋上のハワイ諸島を併合し、同年のスペインとの戦争（米西《べいせい》戦争）をきっかけに、キューバとフィリピンの支配権を獲得しました。

こうしたアメリカの姿勢をローリエは警戒し、イギリスとより密接な関係を結ぶ道を模索します。1880年代後半以降のカナダ最大の貿易相手国はイギリスではなく、アメリカであり、もともとローリエはアメリカと協議して相互の関税率を引き下げようと考えていました（互恵関税）。ところが、アメリカが関税率を引き上げたため、ローリエは方針を転換し、1898年にイギリスとの間で互恵関税を取り決めます。この政策は国内のイギリス系住民からも、イギリス政府からも支持されました。

この時期のカナダは、帝国の拡大を進めるイギリスの戦争に巻き込まれます。1899年、南アフリカでイギリス系植民者とオランダ系植民者（ボーア人）が衝突し、南アフリカ戦争（ボーア戦争）が起こりました。すると、イギリスの植民地大臣だったジョセフ・チェンバレンは本国の兵員が不足する可能性を考慮《こうりょ》し、カナダやオーストラリアなどにも派兵を求めます。将来的なカナダの完全独立を望んでいたローリエは、イギリス本国からの要請とはいえ、自治領とほとんど関係のない戦争への参加は不本意でした。一方、イギリスへの忠誠心が強い国内のイギリス系住民は参戦を強く主張しました。

そこでローリエは志願者のみを参戦させ、戦費はイギリスが負担することを条件に派兵に踏み切ります。1902年の終戦までにオーストラリアとニュージーランドからの派兵が2万人以上だったのに対し、カナダからは7300人に止まりました。

同時期、アメリカとの間でも問題が浮上します。1896年、カナダのノースウェスト準州とアメリカのアラスカ州の国境に位置するクロンダイク川の流域で金鉱《きんこう》が発見されると、アメリカ人が押し寄せてゴールドラッシュが起きました。そこでカナダ政府は、同地がアメリカに併合されるのを避けるため、1898年にノースウェスト準州の一部を分離し、「ユーコン準州」を成立させます。しかし、アラスカから太平洋岸へ南に細長く伸びる部分の境界をめぐってアメリカとカナダの間で解釈が異なり、紛争になりました。

1903年にはイギリスとアメリカの代表各3名による合同委員会が発足し、協議が行われます。この委員会にはカナダから2名がイギリス側の代表として出席しましたが、イギリスの代表がアメリカに譲歩したため、カナダに不利な形で国境が画定しました。この一件で、カナダが独自に外交権を持つべきという考えが強まっていきます。

移民の多様化と差別

大陸横断鉄道の開通後、カナダ政府は中西部の平原地帯の開拓を押し進めるべく、ヨーロッパ各国で移民を募る宣伝活動を積極的に行いました。カナディアン・パシフィック鉄道の沿線以外の中西部の土地が安価だったことに加え、アメリカの西部が1880年代にあらかた開拓されたことから、それに代わって、今なお未開拓の地が広がるカナダへの移民が急増します。1896〜1914年には約250万もの人が流入しました。

カナダへの移民で最も多かったのはイギリス系でしたが、この時期にはポーランド、オーストリア、ハンガリーほかの東欧《とうおう》・中欧《ちゅうおう》、イタリアほかの南欧《なんおう》、ノルウェーやスウェーデンといった北欧《ほくおう》からの出身者も増えます。なかでも、ロシア帝国の支配下にあったウクライナからは、ロシア政府の弾圧の対象だった人々が何千人も移住してきました。

人口の増加と民族の多様化によって、社会にさまざまな摩擦が生じます。英語圏以外の白人や、アジア系やアメリカから流入した黒人などは、カナダの多数派であるイギリス系の白人から差別されました。

アジア系の移民が主に流入したのはブリティッシュ・コロンビア州です。中国王朝の清からやってきた約2万人の大半が大陸横断鉄道の敷設工事に低賃金で従事しました。大陸横断鉄道の完成後も、経済が停滞し、政情不安に陥っていた清からの移民の流入は続きます。すると、ブリティッシュ・コロンビア州に以前から暮らしていた白人は、低賃金で働く中国系移民に仕事が奪われないか警戒します。また、白人にとって中国系移民の外見や生活習慣は奇妙《きみょう》に映り、アジア系移民への差別意識が広がりました。

増加を続ける中国系移民の入国を規制すべく、カナダ議会は1885年に中国人移民法を成立させると、1人50ドルの人頭税を課します。その金額は段階的に引き上げられ、1903年には500ドルになります。そして1923年に中国人排斥《はいせき》法が成立すると、この法案が廃止となる1947年まで中国人の入国は原則禁じられました。

日系移民のはじまり

日本とカナダの関わりは幕末に始まります。1848年、イギリス人の父と先住民の母を持つハドソン湾会社の職員のラナルド・マクドナルドが、カナダ人で初めて日本の地を踏みます。ただし、正式な手続きを経ず漂流者のふりをしての入国でした。そのため、蝦夷地《えぞち》（現在の北海道）に侵入したところ、幕府の役人に捕《と》らえられます。その後、長崎の出島《でじま》で取り調べを受けたのちにマクドナルドは帰国させられます。

帰国するまでの間、マクドナルドは幕府の通詞《つうじ》（通訳）だった森山栄之助《もりやまえいのすけ》に英語を教えました。当時の日本は近隣《きんりん》の東アジア諸国以外ではオランダとしか国交がなく、通詞があつかうのは中国語、朝鮮語とオランダ語だけでした。そのため、1853年にアメリカ東インド艦隊司令長官（提督）のペリーが来日し、条約の交渉が行われた際、森山は通詞として同席しており、その英語力が活かされました。

一方、カナダに最初に渡った日本人は長崎県出身の永野萬蔵《ながのまんぞう》です。1877年にカナダへ到着後、日本とカナダ間の貿易事業で成功を収めます。のちに彼の功績を記念し、ブリティッシュ・コロンビア州のオウィキーノ湖近くの山が「マンゾウ・ナガノ山」と名づけられました。永野に続いて、明治時代中期から日本人移民が増加します。

1889年にブリティッシュ・コロンビア州のヴァンクーヴァーに日本領事館が開設され、1895年に横浜とヴァンクーヴァーを結ぶ定期船が就航するようになると、この翌年から1900年までに約1万3000人もの日本人がカナダへと渡ります。日本からの移民の増加の背景には、カナダにおける中国系移民の排斥がありました。また1902年に日英同盟が成立したことで、日本はイギリスと、その自治領であるカナダともおおむね良好な関係にあり、日英通商航海条約にカナダも参加する形で1906年には日加通商条約が結ばれ、日本とカナダの貿易は拡大していきます。

しかし、カナダに渡った日系移民は生活習慣などの違いから白人社会に溶け込めず孤立し、しかも低賃金で働くことから、仕事を奪われたとして白人労働者からの反発を受けました。そして日系移民も中国系移民と同じく、選挙権が与えられないなどの差別的なあつかいを受けます。加えて、1905年に日本が日露戦争で勝利すると、欧米では黄色人種の勢力拡大を警戒する意見（黄禍論《こうかろん》）が広がりました。

1907年、ついにはヴァンクーヴァーにおいて白人の集団が日系と中国系の移民を襲撃する事件が起こります（ヴァンクーヴァー暴動）。この事件を機に、

カナダ政府は日本政府に対して移民の制限を強く要望し、翌年には日本からの移民を年間400人までに制限するルミュー協約が結ばれました。

アジア系移民への対応は、カナダと同じイギリス領のインド人に対しても変わりませんでした。1914年5月に日本の貨客船《かきゃくせん》「駒形丸《こまがたまる》」でカナダに渡った376人のインド人移民は、カナダ政府が定める航路のルールに反するという理由で上陸を許されず、2カ月もヴァンクーヴァー港に留め置かれた末、強制的にインドに帰されました。こうした人種・民族による差別的な方針は、1960年代まで残ることになります。

地域ごとに産業が発展

移民人口の増加にともなって中西部の州は大きく変化します。ノースウェスト準州は行政機構が整理され、1905年9月に「サスカチュワン州」と「アルバータ州」が分離・成立しました。地図で見るとわかりますが、これらの州が直線で区切られているのは経線と緯線をもとにしているからです。

中西部の気候はきびしく、たとえばアルバータ州の州都エドモントンは、真夏の最高気温が約35℃、真冬の最低気温がマイナス40℃になることもあります。それでも、新たな開拓農民の働きや、小麦の品種改良、トラクターほかの農業機械の導入によって中西部は穀倉地帯に生まれ変わります。カナダの小麦の生産量は1901〜1914年の間に約4・5倍、輸出量は7倍にもなります。その最大の輸出先はイギリスでした。

東部の州では鉱工業が発達します。オンタリオ州では鉄鉱石の採掘と加工が盛んになり、豊富な河川と湖を活かした水力発電によって工場に電気が供給されました。なお、2023年時点のカナダの発電量において水力発電が占める割合は約60％にのぼります（日本は約8％）。森林資源の豊富なケベック州では紙の原料となるパルプが大量に生産されるようになり、主にアメリカに輸出されます。こうして新たに成長してきた鉱工業の分野にはイギリスに代わって、アメリカからの投資が増えていきます。

当時のカナダの産業界は、トロントとモントリオールに本拠地を置く大企業と、政府から事業特許を与えられた20社ほどの特許銀行によって主導されていました。それを支える労働者が待遇改善を求め、組合を結成して労働運動を展開しますが、20世紀はじめの時点ではまだ小規模でした。

20世紀前半の北米大陸

〈ノースウェスト準州の変遷〉

1912年より前	1912年以降
1マッケンジー管区	1999年まで変更なし（引き続き、ノースウェスト準州）
2フランクリン管区	1999年まで変更なし（引き続き、ノースウェスト準州）
3キーワティン管区	消滅（分離され、マニトバ州とオンタリオ州に編入）
4アンガヴァ管区	消滅（分離され、ケベック州に編入）

1919年には、第2、第3の大陸横断鉄道であるカナディアン・ノーザン鉄道とグランドトランク・パシフィック鉄道など、経営難に陥った路線が統合され、国営のカナディアン・ナショナル鉄道が運営するようになります。なお、1978年にカナディアン・パシフィック鉄

道の旅客輸送部門を引き継ぎ〈ヴィア鉄道《レール》〈VIA〉が担当〉、1995年には民営化したうえ、2000年代にアメリカの鉄道を買収したことで、カナダからメキシコ湾に達するまでカナディアン・ナショナル鉄道の路線網は拡大します。

カナダ文化の広がり

経済が成長するにつれ、大衆文化も発達します。セントローレンス川流域の先住民がスティックとボールを使って行っていたバガタウェイと呼ばれる競技をもとにしたラクロスは、19世紀末にはカナダの国民的なスポーツとなりました。選手らはヨーロッパに遠征し、カナダへの移民を募る宣伝活動の一環として公開試合を行いました。やがて、ラクロスはアメリカやイギリスにも広まり、1904年のセントルイス大会（アメリカ）と1908年のロンドン大会（イギリス）の二度にわたり、オリンピックの競技種目に採用されています。

幼少期にイギリスからカナダに移住し、オンタリオ州で育ったアーネスト・トンプソン・シートンは、カナダとアメリカで博物学者・野生動物画家として活動します。その著作群である『シートン動物記』（日本での呼称）には、数多くの野生動物にまつわる物語がえがかれており、世界中の人々の間で読まれています。

オンタリオ州出身の画家トーマス（トム）・ジョン・トムソンは、カナダの大自然を描いた『湖、海岸、空』『ノースランド』『ジャック・パイン』ほかの風景画で注目を集めますが、若くして湖で事故死しています。

プリンスエドワード島出身の作家であるルーシー・モード・モンゴメリーは、カナダを代表する作家の1人です。少女アンの成長をえがいた小説『赤毛のアン』を1908年に発表し、大好評を博《はく》します。日本を含めて30以上もの外国語に翻訳《ほんやく》されたうえ、今なお映画化・ドラマ化・舞台化され、物語の舞台であるプリンスエドワード島中部のキャヴェンディッシュには、世界中から観光客が訪れています。日本の北海道芦別《あしべつ》市は1993年にプリンスエドワード島州の州都シャーロットタウンと姉

妹都市提携《ていけい》を結び、『赤毛のアン』の舞台を再現した観光施設のカナディアンワールドを同市内に整備しました。

イギリスのための海軍？

イギリスは1887年から、世界各地の植民地の代表者をロンドンに集めた植民地会議を開催していました。1907年にはイギリス帝国会議と名を改められ、参加者の協議によって、カナダやオーストラリアでは、外交と軍事の自立を進める方針が取られます。これにより、1909年にはカナダ政府内に対外関係局が設立されました。オタワにある理髪店《りはつ》の2階に置かれた小さな事務所からスタートし、これがのちに外務省へと発展していきます。

続いて1910年には、カナダ議会でカナダ海軍の創設が決定されます。首相だったローリエは自衛目的の小規模な艦隊でよいと考えていましたが、イギリスは自国が関わる海外での戦争にカナダの軍艦が派遣されることを期待していました。カナダのイギリス系住民のなかでもイギリスへの忠誠心が強い人々は、最新式の大型戦艦を建造してイギリスに寄贈《きぞう》すべきだと強く主張します。これにフランス系住民は猛反発《もうはんぱつ》し、政府は方針を決められず、軍艦の建造は見送られます。

経済面では、イギリスと協調しつつも、将来的にはカナダが自立できるようになることを目標とします。その一環として、アメリカとの経済的な関係を深めるべく、アメリカとの間の関税率を引き下げようと考えていました。ただ、急速に成長していたカナダの産業界は国内産業を保護するため、関税の強化を主張します。それでも、1911年1月に、ローリエ政権はアメリカとの間でおたがいの関税を引き下げる互恵通商協定を成立させます。しかし国民の支持は得られず、同年9月の選挙で自由党が大敗したことでローリエ政権は退陣し、政権を奪取した保守党により互恵通商協定は撤回されました。

イギリスとアメリカ、国内のイギリス系住民とフランス系住民の間でローリエは板挟みになりつつ、巧みにバランスの取れた政治を行いました。21世紀はじめの段階で、15年間途切れることなく首相を務めあげたのはローリエだけです。その功績から5カナダドル紙幣の肖像に採用され、オンタリオ州のウォータールー・ルター大学は、1973年にウィルフリッド・ローリエ大学と改称されました。

大戦で予想外の犠牲

20世紀初頭のヨーロッパでは、1871年に成立したドイツ帝国が軍事大国として台頭し、イギリスをおびやかしていました。またバルカン半島ではロシア帝国とオーストリア＝ハンガリー帝国（以降、オーストリア）とが対立していました。イギリスはドイツに対抗してフランス、ロシアと三国協商を結び、ドイツはオーストリア、オスマン帝国（トルコ）と中央同盟を形成します。1914年7月にロシアを後《うし》ろ盾《だて》とするセルビア王国がオーストリアと開戦すると、双方の同盟国が次々と参戦し、第一次世界大戦が勃発《ぼっぱつ》します。

イギリスの参戦と同時に、その統治下にあるカナダも自動的に参戦することになり、同年10月にはカナダ軍部隊がヨーロッパの戦場に投入されました。開戦直後のカナダではイギリス系住民を中心に、熱狂的な戦争支持の世論が広がります。政府与党の保守党と野党の自由党は円滑《えんかつ》な戦争遂行のために協力関係を結び、国民の多数も動員された兵士も、戦争は早期のうちに勝利で終わると楽観的でした。

ところが戦闘は長期化し、機関銃《きかんじゅう》や戦車、航空機などの新兵器が投入されたことで、戦死者も増大します。1915年4月にはベルギー王国の都市イープルにおいてドイツ軍が初めて毒ガスを使用し、約2000人のカナダ兵が戦死しました。1917年4月にはフランス北部のヴィミー・リッジの戦いで、イギリス・フランス軍が劣勢のなか、カナダ軍が重要拠点を奪取するも約3600人が犠牲《ぎせい》になりました。なお、開戦当初からカナダ軍はイギリス軍の指揮下にありましたが、戦争が長期化するうちに独立した指揮権を持つようになります。

カナダ軍は基本的に志願兵で構成されていました。しかし戦死者が増加するにつれ、徴兵制の導入が議論されると、ケベック州のフランス系住民はこれに猛反発します。フランス系住民は、もとよりイギリスへの戦争協力に消極的で、先祖がフランス出身とはいえカナダに移住してから数百年も経ると、フランスへの仲間意識も低くなっていたからです。1917年12月の選挙では、徴兵制の導入を主張する保守党と、それに賛同する一部の自由党勢力が大半の州で大勝します。ケベック州の住民の大部分は徴兵制に反対を表明している自由党の主流派に票を投じ、他地域との溝《みぞ》が深まりました。

最終的に、1918年4月に徴兵制は導入され、カナダ兵が新たに投入されますが少数でした。この前年、工業生産力も兵員も豊富なアメリカが協商側として参戦したことが起点となり、1918年11月11日に大戦は協商国陣営の勝利に終わりました。

戦争がもたらした変化

第一次世界大戦当時のカナダの人口は約800万人で、約63万人が従軍し、約6万人が犠牲になりました。つまり、国民の13人に1人が戦地におもむき、そのうち10人に1人が戦死したのです。イギリスと、カナダほかの旧英領の諸国では、休戦協定が結ばれた11月11日は「リメンブランス・デー」と呼ばれる休戦記念日に定められており、毎年この日は戦没者の追悼《ついとう》集会が行われています。

戦争を通じてイギリスに貢献したことによって、カナダの国際社会での発言力は増します。1919年1月に始まったパリ講和会議には、イギリス首相ロイド・ジョージの後押しによって、イギリスとは別個にカナダも独自の代表を派遣できたのです。さらに、翌年に成立した国際連盟においてカナダは独自の資格で参加し、原加盟国となりました。

国際連盟には常任理事国として日本も名を連ね、国際連盟の事務次長を日本人の新渡《にと》戸《べ》稲造《いなぞう》が6年間務めます。退任後も新渡戸は外交官として活動し、１９３３年の秋（同年春に日本は国際連盟を脱退）にカナダのバンフ（１２５ページ参照）で行われた国際会議からの帰途、ブリティッシュ・コロンビア州の州都ヴィクトリアで客死します。その功績をたたえ、ヴァンクーヴァーの日系移民が中心となり、ブリティッシュ・コロンビア大学構内に新渡戸記念庭園が１９３５年に設置されました。

戦時中、たくさんの男性が戦場に送られると、夫や父に代わって女性が就労したり、世帯の代表者になったりする事例が増えたため、従軍者のいる家庭に限り、女性の選挙権が認められました。戦後の１９２０年には、連邦議会における参政権は男女とも21歳以上とされ、１９２１年12月の総選挙では、オンタリオ州出身のアグネス・マクフェイルが連邦議会で初の女性議員となります。

ただし、このマクフェイルは下院議員であり、女性が上院議員になることは当時、認められていませんでした。その状況を変えようと5人の女性が立ち上がり、上院でも女性が任命されるよう訴《うった》えを起こします。その活動は実り、１９２９年に、当時のカナダの最終審だったイギリスの枢密院《すうみついん》司法委員会によって、女性が上院に任命されるよう認められます。彼女たち5人は「ザ・フェイマス・ファイブ」と呼ばれてたたえられ、その銅像が国会議事堂の敷地内に設置されています。

戦時末期にあたる1917年、ロシアでは革命（二月革命）によって帝政が倒れたのち、労働者階級の代表からなる共産党政権のソヴィエト社会主義共和国連邦（以降、ソ連）が成立しました。この影響を受け、世界各国で労働運動が活発になります。戦場にならなかったカナダでは、戦後はヨーロッパ向けの輸出量の拡大によって工業生産が大幅に伸びたことで、工場労働者も増加していました。1919年5月にはマニトバ州の州都ウィニペグで、戦後の急激な物価上昇を受けて、労働者が賃金の引き上げを求める大規模なストライキを起こします。同年中に、カナダ全土で320件以上ものストライキが発生しました。

戦後のイギリスは、大戦により巨額の戦費と大量の人命を失ったために国力が落ち、国際的な影響力も低下しました。それにともなって、カナダとアメリカはますます経済的に密接な関係を築いていきます。それは大衆文化の面でも同様で、1920年代にアメリカで映画とラジオが普及《ふきゅう》すると、カナダでアメリカの音楽や映像作品が盛んに視聴されるようになりました。

カナダ独自の文化も育まれ、文学や歴史研究などに関する出版が盛んになります。また、美術界ではローレン・ハリスら7人の画家たち「グループ・オブ・セブン」が、風景画家トーマス（トム）・ジョン・トムソン（139ページ参照）の作風を受けつぎ、カナダの大自然を独特な色彩で描いた作品を発表して国内外から高い評価を受けます。

彼らと親交のあった画家のエミリー・カーが、ブリティッシュ・コロンビア州の先住民の工芸に着目した作品を発表したことから、トーテムポール（21ページ参照）が海外でも広く知られるようになりました。

事実上の独立を果たす

大戦後、保守党政権は物価上昇の問題を改善できなかったことから支持を失い、1921年12月の総選挙では自由党が勝利し、ウィリアム・ライアン・マッケンジー・キングが首相に就任します。キングは元官吏《かんり》で、政界に入る前には労働次官としてすぐれた手腕《しゅわん》を発揮していました。人前での演説は不得手《ふえて》でしたが、重要な問題は広く国民に情報を公開して世論を考慮する方針を取り、敵対する政治家とも政策の一致点があれば柔《じゅう》軟《なん》に交渉して味方に引き込むという手法に長《た》け、1940年代まで長くカナダ政界をリードして自治権の拡大を進めていきました。ちなみにキングは、1837年にアッパー・カナダで起こった反乱の指導者（72ページ参照）の孫にあたります。

このころオスマン帝国では、帝政の打倒を唱える革命（トルコ革命）が起こっており、1922年9月、イギリスはカナダに軍を派遣するよう要請しました。対してキングは、議会の承認を得る必要があるとして抵抗します。カナダも大戦で痛手《いたで》を負っており、政治家も国民もいくらイギリスの命令であっても、遠く海外での戦争に関わりたくなかったのです。結局、カナダが軍を派遣せずにいるうちに英・仏軍は撤退しました。

1926年6月にはキング政権が不祥事《ふしょうじ》から議会で内閣不信任案を出すと迫られたため、総督だったビングに議会の解散を申し出ると、前回の総選挙から日が浅いという理由で拒否されます。議会の解散は総督の権限に含まれていましたが、19世紀にカナダで責任政府（73ページ参照）が導入されて以来、実行された前例はありませんでした。

総督に拒否されたキング内閣は総辞職し、そのうえで総督の態度は自治領であるカナダをイギリスの直接支配を受けていた時代にもどそうとする行為だと主張して国民の支持を集め、総選挙で勝利して政権の座に返《かえ》り咲《ざ》きます。

同時期には、カナダと同じくイギリスの統治下にあった南アフリカや、イギリスの構成国だったアイルランド（アイルランド自由国）も自治権の拡大を要求していました。イギリスはこの声を無視できず、1926年10月にロンドンで開催された帝国会議において、元イギリス首相で枢密院議長のバルフォアが、キングら各自治領の代表者と協議し、「自治領はイギリス国王に対する忠誠によって結びつきつつ、本国と対等である」と定義した『バルフォア報告書』を発表します。

このバルフォア報告書の方針によってカナダは独自の外交権を手にし、以降、アメリカ、フランス、そして日本とも独自の外交関係をスタートさせます。なぜ日本と国交を樹立したかというと、日本側から国交樹立の要望があったうえ、アジアにおいて日本は強国であり、新たな貿易相手として期待でき、しかも移民にまつわる問題が存在していたからです。1928年には日本がオタワに公使館を、その翌年にはカナダが東京に公使館を設置しました。

さらに、1931年12月にはイギリス議会で「ウェストミンスター憲章《けんしょう》」が成立します。これは『バルフォア報告書』の内容を反映し、カナダやオーストラリアなどの自治領はイギリスと対等な立場としたうえ、イギリス国王を首長とする国家連合（ブリティッシュ・コモンウェルス・オブ・ネーションズ）の構成国と定めたものです。つまり、カナダが事実上の〝独立国家〟になったことを意味します。

この枠組みは「イギリス連邦（英連邦）」と呼ばれます。のちの第二次世界大戦後には、インド、マレーシア、パプアニューギニア、ガーナ、ケニア、カメルーンなど、新たにイギリスから独立したアジア・アフリカ諸国も加わり、「コモンウェルス・オブ・ネーションズ」と呼ばれるようになります。

そのころ、日本では？

日本が権利を有していた南満洲《みなみまんしゅう》鉄道の爆破（柳条湖《りゅうじょうこ》事件）を口実として、1931年に日本の関東軍が満洲に侵攻し、占領してしまいます。この満洲事変の翌年にあたる1932年には、清の最後の皇帝（宣統帝《せんとう》）だった溥儀《ふぎ》を執政《しっせい》とする満洲国の樹立が宣言されました。

馬に自動車を引かせる

1929年10月、アメリカのニューヨーク証券取引所で株価の大暴落が発生し、これにより世界恐慌《きょうこう》が起こります。アメリカ経済と密接な関係にあったカナダでも、企業の投資額や輸出量が急激に落ち込み、深刻な不景気に見舞《みま》われました。都市部では労働者の賃金の低下はもちろん、失業者も増加し、各地で労働運動が多発しました。

都市部だけでなく、中西部の農村地帯も困窮《こんきゅう》します。かねてよりアルゼンチンやオーストラリアからの小麦の輸出が拡大し、供給過剰から国際的に小麦の価格が低落していたところに、世界恐慌が起こって経済が低迷し、農産物の輸出量も激減したからです。

キング政権はこの事態に対処《たいしょ》できず、1930年7月の総選挙で自由党は大敗し、代わって保守党のリチャード・ベッドフォード・ベネットが新たに首相の座に就きます。ベネットは輸出入の不振を打開するため、イギリスおよび、ほかのイギリス連邦構成国にはたらきかけ、連邦構成国間の関税を低く設定する一方、それ以外の国との貿易を抑《よく》制《せい》するオタワ協定を1932年に結びました。こうした閉鎖的《へいさてき》な経済圏を構築する政策はブロック経済と呼ばれます。

それでも経済の不調は続き、1933年の失業率は約26％におよんだと推定され、生活に余裕がなくなり、ガソリンが買えなくなった人々はやむなく馬に自動車を引かせたといいます。このことは国民の間で「ベネット・バギー」と皮肉られました。

じつは、これまでカナダには政府が運営する中央銀行がなく、通貨は各地の民間銀行が各自で発行していました。ただ、世界恐慌による経済の混乱や、イギリスで金を通貨価値の裏づけとする金本位制が廃止された影響を受け、通貨価値を安定させるため政府主導の中央銀行の設立が議会で決定されます。これにより、1934年にカナダ銀行が発足し（翌年に業務開始）、通貨の発行を一元的に管理するようになりました。

同時期にアメリカで成立したフランクリン・ローズヴェルト政権は、公共事業による雇用拡大や福祉の充実をはかるニューディール政策を実施しました。ベネットもこれにならい、失業保険の導入や、農村部での灌漑《かんがい》事業を押し進めます。ただ、連邦政府が各州に介入するこの政策に対し、政府内外から反発の声も少なくありませんでした。

ベネット政権は国民の信望を得られず、1935年10月の総選挙で自由党が勝利し、キングが政権に復帰します。キングは、ベネットが交渉を進めていたアメリカとの互恵通商条約を結び、両国間の関税が引き下げられました。その後のアメリカの景気回復にともない、カナダ経済は少しずつ改善されていったものの、低調な状況が続きました。

進んで二度目の大戦に参加

1930年代後半、ドイツではヒトラーが率いるナチ党が政権を握っていました。第一次世界大戦の敗戦国であるドイツは巨額の賠償金を課されていたことに加え、世界恐慌による景気の低迷に巻き込まれたことで国民は貧困にあえぎ、その不満の受け皿としてナチ党が台頭したのです。ナチス・ドイツが軍備の拡張を押し進めると、イギリスやフランスは警戒しつつもこれを黙認し、武力衝突を避けようとします。しかし、ドイツがオーストリア共和国（第一次世界大戦後に帝国は解体）とチェコ（チェコスロヴァキアから分離）の併合を強行したのち、1939年9月1日にポーランド共和国に侵攻したことで、イギリスとフランスはついにドイツに宣戦し、第二次世界大戦が始まります。その後、英仏を敵視していたイタリアと日本が1940年にドイツと同盟を結びました。

当時のカナダは、自動的に参戦となった第一次世界大戦とは異なり、ウェストミンスター憲章のもとでイギリスと対等の立場となっており、参戦するかどうかを自分たちで決める権限がありました。9月10日に連邦議会が出した答えは参戦でした。

翌1940年6月にはカナダ軍部隊がフランスを支援するために派遣されますが、強力なドイツ軍の前にフランスはほどなくして占領されたため、カナダ軍とイギリス軍はほとんど戦わずに撤退しました。

開戦後、アメリカは中立を表明していましたが、ドイツ軍の潜水艦《せんすいかん》がアメリカの東海岸の沿岸部をおびやかすようになります。そこでカナダとアメリカは1940年8月、ニューヨーク州のオグデンズバーグで協定（オグデンズバーグ協定）を結び、常設合同防衛委員会を設立して情報交換に努め、防衛のための物資の供給や人員の配置について協力体制を築きます。翌年4月にはニューヨーク州のハイドパークで、軍需物資の生産を効率よく進めるためにアメリカと連携《れんけい》する協定（ハイドパーク協定）を結びました。イギリスも、カナダと隣接するニューファンドランドや英領バハマなどにアメリカ軍が駐留することを認める代わりに、アメリカから兵器の供給を受けます。こうして、カナダとの関係を軸に、アメリカは英仏を中心とする連合国側に接近していきました。

1941年12月7日に日本軍がハワイの米軍基地を急襲《きゅうしゅう》すると、その翌日にはカナダが日本に宣戦布告し、それより遅れてイギリスとアメリカも宣戦布告します。イギリスの統治下にあった香港も日本軍の攻撃を受けたため、駐留していたカナダ軍部隊が応戦したものの、香港は日本軍に占領されました。

戦時下の国内状況

大戦の主戦場がヨーロッパだったとはいえ、カナダ本土も安全というわけではありませんでした。1942年1月にはドイツ軍の潜水艦（Uボート）がセントローレンス湾内に侵入し、カナダの輸送船などを攻撃しています。6月にも日本の潜水艦が太平洋岸のヴァンクーヴァー島の近海に現れ、沿岸を砲撃して撤退しました。

ヨーロッパに派遣されていたカナダ軍は、ドイツ占領下のフランスへの反攻をはかる1942年8月のディエップ上陸作戦、翌年7月のイタリア侵攻などに参加します。この間、ドイツ軍はソ連軍との戦闘で大打撃を受け、戦況は連合軍の優勢に転じていました。１９４４年6月、連合軍は15万以上もの兵を投入したノルマンディー上陸作戦を決行し、そこには約2万のカナダ軍も参加しました。

同年11月には徴兵を実施します。第一次世界大戦のときと同じく、ケベック州では徴兵反対派が多数を占めていましたが、戦局は終盤《しゅうばん》を迎えており、徴兵されて派兵されたのは約1万３０００人に止まりました。

戦時下のカナダ国内では、軍需工場がフル稼働《かどう》したことで失業率は低下します。ただし、国民への物資の供給は統制され、食料や生活用品は配給制でした。ドイツ系やイタリア系の移民の一部は敵視され、監視や捕縛《ほばく》の対象となりました。日系移民の待遇はとくにきびしく、約2万人が住居を追われてブリティッシュ・コロンビア州山間部の収容所に隔離《かくり》されたり、財産を没収されたりします。この措置の対象にはカナダで生まれ育った日系移民二世も含まれました。

１９４５年5月に連合国軍の攻勢に追いつめられてドイツは降伏しました。同年7月、アメリカのニューメキシコ州で原子爆弾（原爆）の爆発実験が成功したのを受けて、８月、アメリカ軍は日本に2発の原爆を投下します。

じつは、イギリスの提案によってモントリオールには研究施設が置かれ、1943年8月には、イギリスはアメリカと原爆の製造・開発で協力し合うケベック協定を結んでいました。この協定にはカナダも関わっており、実質的には英米加による3カ国の協定でした。原爆の開発にはアフリカで採掘されたウランのほか、カナダで採掘されたウランも使われています。

なお、モントリオールと広島市は1998年に姉妹都市提携を結んでいます。1986年に広島市長がモントリオールを訪れたのをきっかけに交流が始まり、モントリオール市内の植物園にある日本庭園では、広島市に原爆が投下された時刻（現地時間で8月5日午後7時15分）に「平和の鐘《かね》」が鳴らされます。

原爆投下の直後に日本も降伏を受け入れ、第二次世界大戦は連合国の勝利に終わります。大戦におけるカナダ軍の犠牲者は約4万5000人にのぼりました。

ひみつコラム

カナダで盛んなスポーツ

アメリカと同じプロリーグに属する

１９９４年にカナダは自国が発祥《はっしょう》の地である2つのスポーツ、すなわち「ラクロス」を夏の国技に、「アイスホッケー」を冬の国技に定めました。

23ページでもふれたラクロスは、19世紀後半から北米で広がりました。１９８６年に創設されたプロリーグのナショナル・ラクロス・リーグ（ＮＬＬ）には、カナダだけでなくアメリカのチームも属します。先住民の選手も多く、国際大会ではカナダ代表と別にイロコイ同盟（ホデノショニ）のチームも出場します。

アイスホッケーの起源は諸説あり、北極圏の探検隊が始めたとも先住民のミクマク族が似た競技をしていたともいわれ、１８７７年に最初の公式試合が行われました。１９１７年にカナダとアメリカのチームが属するナショナル・ホッケー・リーグ（ＮＨＬ）が創設され、カナダは7年連続得点王の記録を持つウェイン・グレツキーらスター選手

を輩出《はいしゅつ》します。冷戦時代はソ連との交流試合による外交（ホッケー外交）が注目を集め、オリンピックで２０２２年大会までに男子が９回、女子が５回金メダルを獲得し、ともに世界最多です。

　このほかのスポーツでも、カナダはアメリカと共通のプロリーグに属しています。トロントに本拠地を置く野球チームのブルージェイズは、１９９２年と１９９３年にメジャーリーグ・ベースボール（ＭＬＢ）のワールドシリーズを連覇《れんぱ》しています。やはりトロントに本拠地を置くラプターズはナショナル・バスケットボール・アソシエーション（ＮＢＡ）に属し、２０１９年にリーグ優勝しています。じつは、バスケットボールはカナダ人の体育教師ジェームズ・ネイスミスが１８９１年に考案した競技です。

知れば知るほどおもしろいカナダの偉人⑤

インスリンを発見した医師

フレデリック・バンティング

Frederick Banting

（1891 ～ 1941）

ノーベル生理学・医学賞を受賞する

オンタリオ州の出身で、トロント大学を卒業後、軍医として第一次世界大戦に従軍しました。戦後は開業医として働くなか、糖尿病《とうにょうびょう》の論文を読んだことをきっかけにその研究を志し、トロント大学の生理学教授マクラウドのもとを訪れ、その協力のもと学生で助手だったチャールズ・ベストとともに糖尿病の研究に取りかかります。

当時、糖尿病の治療法はなく、死に至る患者も多数いました。バンティングらは実験をくり返した末、血糖値を下げるホルモンであるインスリンの抽出《ちゅうしゅつ》に成功します。この研究成果から糖尿病の治療薬がつくられました。

この功績によって、バンティングとマクラウドは1923年にノーベル生理学・医学賞を受賞しました。その後は、がんの研究などを進め、イギリスから勲章《くんしょう》を授与されます。しかし、第二次世界大戦時に飛行機事故で死去しました。

chapter 6

先進国の一員として

「カナダ国民」の明文化

第二次世界大戦中、大西洋の防衛や軍需生産の相互協力を通じて、カナダはますますアメリカとの結びつきを強めました。その反面、イギリスの影響が弱まったことで、政治面でも経済面でも、そして国民の意識の面でもカナダの独立傾向が強まります。

長らくカナダ国民の定義とイギリス国籍との関係はあいまいでした。イギリス以外の国からの移民は帰化するための手続きが必要でしたが、イギリスからの移民は自動的に参政権を得られるなど待遇に開きがありました。しかし、１９４６年に成立したカナダ市民権法によって「カナダ生まれの人はカナダ国籍《こくせき》を有し、同時にイギリス臣民としてあつかわれる」と明文化されました。この段階ではまだカナダ人をイギリス臣民と定義していますが、政府みずから「カナダ国民とは何か」を意識するようになったわけです。

外交の自主性も高まります。１９２０年代に独立した外交権を持つようになって以降は首相が外相を兼任していましたが、１９４６年には自由党に属するフランス系の議員ルイ・サンローランが、初めて専任の外相となりました。また、すでにイギリス国王がカナダの政治に介入することはほぼなくなっていましたが、１９４７年には、カナダにおける国王大権（軍の最高指揮権や領土併合の決定など）が、カナダ総督にすべて移《い》譲《じょう》されました。１９５２年にはオンタリオ州出身の外交官ヴィンセント・マッシーが、カナダ生まれで初の総督となります。その前年、マッシーは政府調査委員会の長として、カナダ独自の文化の振興をはかる機関の設置を提言しました。これを受けて、１９５７年に「カナダ・カウンシル」（カナダ芸術評議会）がつくられることになります。

　こうしたカナダの独自性を高める一連の改革を成し遂げ、通算21年間も首相を務めたキングが、１９４８年11月に退任し、その後継者として外相のサンローランが新たに首相となります。そのキングの退任前の最後となる大仕事が、ニューファンドランドの連邦への編入交渉でした。

“最初の”植民地の編入

　一度は自治領となったニューファンドランドでしたが、世界恐慌の影響による財政悪化にともない１９３４年に自治権を返上し、イギリスの管理下に置かれていました。

第二次世界大戦中のころから、ニューファンドランドの軍事的な重要性が高まると、ニューファンドランドのイギリス軍基地がアメリカ軍にも供用されます。ドイツ軍の潜水艦に対する防備だけでなく、アメリカの航空機が大西洋を横断する途中の給油地としても活用されました。また、駐留するアメリカ軍との商取引によりニューファンドランド住民は経済的な恩恵を受けます。戦後、大戦によって国力が衰えていたイギリスはニューファンドランドを支援する余裕がなく、ニューファンドランドはアメリカの支配下のような状態に置かれていました。この状況に危機感を抱いたカナダ政府は、ニューファンドランドを編入させようと協議を開始します。

この動きに対し、ニューファンドランドでは住民代表会議が設立され、住民の間で著名なジャーナリストのジョセフ・スモールウッドがカナダへの編入を強く呼びかけました。住民代表会議では編入反対派が多数を占めますが、1948年に行われた住民投票の結果、賛成が52・34%と過半数を超え、編入が決定します。

こうして、北米大陸で最初のイギリス植民地だったニューファンドランドは、1949年3月にカナダの10番目の州となります。これをもって、旧英領北アメリカ（60ページ参照）に属していた植民地は、ようやくすべてがカナダに編入されたことになります。ニューファンドランドの初代の州首相には、編入を主導したスモールウッドが就きました。本土側のラブラドール地方も州域に含まれていたことから、1964年から「ニューファンドランド・ラブラドール州」と呼称されるようになりました（正式な改称は2001年）。余談ながら、警察犬や盲導犬《もうどうけん》として活躍するラブラドール・レトリーバーは、同地の開拓時代の漁師が飼育していた犬を、イギリスで猟犬《りょうけん》としたものです。

冷戦体制のなかで

第二次世界大戦が終結した1945年には、連合国を中心に、国際協力の促進、平和の維持、紛争の防止・解決を目的として国際連合（国連）が発足し、カナダも原加盟国となります。ところが大戦終結から数年のうちに、アメリカを中心とする西側陣営（資本主義諸国）と、ソ連を中心とする東側陣営（社会主義諸国）の対立が激化しました。いわゆる東西冷戦のはじまりです。

この冷戦にカナダは引き込まれていきますが、その発端《ほったん》となったのが1945年9月に起きた「グーゼンコ事件」です。ソ連大使館職員イゴール・グーゼンコがカナダに亡命を求め、彼が持ち出した書類から、大戦中にモントリオールで原子力研究に従事していたイギリスの科学者が原爆の機密情報をソ連側に流していたことが発覚したのです。

1947年にはアメリカ大統領トルーマンがソ連への警戒を強め、カナダの首相だったキングとともに防衛協力共同声明を発表します。アメリカではソ連に友好的と判断された政治家や文化人が公職から追放され、カナダでもソ連によるスパイの容疑者が摘発《てきはつ》されます。1949年には、東側陣営に対抗する軍事同盟として北大西洋条約機構（NATO）が発足します。アメリカ、イギリス、フランスほかの国々とともにカナダも発足当初からのメンバーであり、ヨーロッパに部隊を派遣し、駐留させました。

冷戦の影響はアジアにもおよび、1950年には朝鮮半島でアメリカの支援を受けた大韓民国（韓国）と、ソ連の支援を受けた朝鮮民主主義人民共和国（北朝鮮）の間で戦争（朝鮮戦争）が勃発します。国連はソ連代表が不参加のまま韓国の支援を決議し、アメリカを中心とした国連軍が派遣されました。一方、共産党が政権を握っていた中国（中華人民共和国）は北朝鮮を支援する義勇軍を派遣します。カナダは国連軍に参加しつつも、戦闘を小規模に収めることを主張しました。しかし、戦闘が長期化するなか、アメリカの要請によって最終的には2万7000人あまりを派兵しました。

スエズ戦争とイギリス離れ

戦後の国際社会では、冷戦と同時に植民地主義からの脱却が進み、カナダはイギリスとは異なる立場を明確に示していきます。1956年に勃発したスエズ戦争（第二次中東戦争）もその1つです。19世紀からイギリスの支配下にあったエジプトが、同地にあるスエズ運河の国有化を宣言すると、これに反発するイギリスがフランスやイスラエルとともにエジプトを攻撃したことでこの戦争は始まりました。アメリカとソ連をはじめ、多くの国がイギリスとフランスの行動を植民地主義の復活とみなして非難し、国連は停戦を呼びかけました。

この戦いにおいてカナダ政府は中立的な立場を取ったうえで、外相のレスター・ボールズ・ピアソンが、停戦監視を目的とした国連緊急軍の結成と派遣を提案します。イギリスを含めた関係国は採決を棄権《きけん》しましたが、反対票はなかったことから国連緊急軍が編制され、カナダ軍も参加します。11月にイギリス軍とフランス軍は撤退し、翌年3月にイスラエル軍も撤退して、スエズ戦争は早期に終結しました。

この国連緊急軍は朝鮮戦争での韓国を支援した部隊とは異なり、両軍に停戦を徹底させるものでした。これ以降も国連は紛争地の停戦監視、治安維持、人命救助などを目的とした平和維持活動を進めます。その前例をつくった功績によって、ピアソンは1957年にノーベル平和賞を受賞しました。

ピアソンによるカナダの外交政策は、キング政権時代に提唱された、大国でも小国でもない「中間国家」として国際関係を調停する方針にもとづくもので、海外では高く評価されました。ところが、カナダ国内にはイギリスとの強い一体感を抱く国民が多数いたことから、スエズ戦争でイギリスに味方しなかったピアソンと自由党政権は非難され、1957年6

月の選挙で自由党は大敗します。政権は進歩保守党（１９４２年に保守党が改称）に移り、ジョン・ディーフェンベーカーが首相の座に就きました。カナダで初となるドイツ系の首相です。その後、ピアソンはサンローランから自由党の党首の座を引き継ぎますが、翌１９５８年３月の選挙でも敗れました。

ちなみに、スエズ戦争は現在のカナダ国旗（２００ページ参照）が生まれる一因にもなりました。国連緊急軍は中立的な立場であるはずが、そのカナダ部隊が一方の戦争当事国（イギリス）と同じデザイン（ユニオン・ジャック）の入った旗を掲げていることが問題視され、かねてより議論されていた国旗の変更を求める声が高まったのです。

アメリカとも距離を置く

冷戦を背景に、１９５０年代のカナダは自国内にアメリカと共同でレーダー基地を建設します。１９５８年には敵国からの爆撃やミサイル攻撃に共同で対処する北米防空協定（Ｎ《ノ》ＯＲ《ラ》ＡＤ《ド》）を成立させました。この協定は改定を重ねて現在まで続いています。

１９６２年10月、カリブ海に浮かぶ島国のキューバに、ソ連がミサイル基地を建設していることが判明し、アメリカ軍がキューバの海上封鎖《ふうさ》を行ったことでソ連と一触即発の事態に陥ります（キューバ危機）。最終的に、アメリカ大統領ケネディとソ連書記長フルシチョフの交渉によりソ連のミサイルが撤去され、核戦争の危機は避けられました。

この危機に際し、カナダとは協定を結んでいるにもかかわらず、カナダへの何の相談もなしにキューバとソ連に対する警戒態勢を取り、それを一方的にカナダ側に通告してきたアメリカ政府に対し、ディーフェンベーカー政権は不信の念を抱きます。当時カナダはアメリカの核兵器をカナダに配備することを検討していましたが、この一件があったため、首相のディーフェンベーカーは前向きになれませんでした。核兵器の配備に消極的な姿勢のディーフェンベーカーに対し、政府内外ではその方針を非難する声が高まり、議会では内閣不信任案が可決されます。ディーフェンベーカー内閣は退陣し、直後の総選挙で勝利した自由党のピアソンが１９６３年4月に首相の座に就きます。

ピアソンがアメリカによる核兵器の配備を受け入れたことで、１９６３年よりカナダは核兵器配備国となります。ただし、必ずしも完全なアメリカ追従の政策は取りません。その一例がベトナム戦争です。１９６０年代、ベトナムには親仏・親米政権の南ベトナム（ベトナム共和国）と、ソ連などの支援を受ける北ベトナム（ベトナム民主共和国）が存在し、統一をかけた戦争を行っていました。アメリカが南ベトナムを支援する一方、ピアソン率いるカナダ政府は東側陣営の脅威を認めつつも、アメリカによる北ベトナムへの爆撃に批判的な態度を示しました。そのうちカナダ国内では、アメリカとの軍事的な協力はかえってソ連の攻撃を招いてしまうという意見が広がるようになります。

1968年、ピアソンから政権を引き継いだ自由党の新たな党首のピエール・トルドーが首相となります。トルドーは1919年にケベック州モントリオールに生まれ、モントリオール大学やハーバード大学などで法律を学んだのち、弁護士、大学教員を経て政界に身を投じます。自由党に入ると下院議員となり、ピアソン政権のもとで司法大臣を務めました。そうして首相となったトルドーはカナダ国内に配備されていた核兵器を撤去する方針を決定します。撤去は段階的に進められ、1984年に完了しました。

国民の医療費負担は〝ゼロ〟

1950～60年代のカナダは経済が発展して、国民の生活も向上します。第二次世界大戦で戦場にならなかったことから、産業面の被害は少なく、軍需工場は民間用の車両や日用品などの生産工場へと切り替えられ、帰国した兵士は速やかに労働者として復帰します。結果、失業率は約2～3％と低水準に抑えられました。1947年にはアルバータ州で油田が発見されました。石油は、国内で消費されるだけでなく輸出もされ、外貨を獲得するための新たな収入源になります。

1950年代以降、カナダでは鉄鉱石、石油、天然ガスといった天然資源の採掘と輸出が拡大し、電気製品、自動車、石油製品ほかの工業も発達します。

好景気を背景に移民の受け入れも拡大します。戦災によって住宅や産業基盤が破壊されたヨーロッパ各国から1952年までに約17万人がカナダに流入しました。もっとも、日本や中国などアジア系移民は、戦後も引き続き入国を制限されます。

戦時中のカナダは国家統制のもとで国民生活を安定させるため、乳児のいる世帯に手当（ベビー・ボーナス）の支給を開始し、この制度は戦後も継続されることになります。1951年には老齢《ろうれい》所得保障法が成立し、カナダでの居住年数をはじめ一定の条件を満たしている70歳以上の国民全員に対して定額の年金が支給される連邦政府による制度

（老齢所得保障制度）が導入されます。同時に65歳から70歳未満の貧困者にも年金を支給する制度（老齢者扶助《ふじょ》制度）も定められました。１９６６年には連邦政府と各州政府による報酬《ほうしゅう》比例年金制度（収入に応じて支払っていた額によって年金が支給される制度）が開始されます。老齢所得保障制度での支給は日本の基礎年金に、報酬比例年金制度での支給は厚生年金に相当します。

　そしてカナダの社会保障制度のなかでも最も特筆《とくひつ》すべきは「メディケア」と呼ばれる医療制度でしょう。患者は一切の医療費を払う必要がなく、その全額を連邦政府と州政府が負担しています。１９６６年に生まれたこの制度は、カナダで「公的医療保険制度の父」とたたえられるトミー・ダグラスの政策がもとになっています。

　トミー・ダグラスは１９０４年にスコットランドに生ま

そのころ、日本では？

日本の戦後の復興と経済成長の象徴ともいえる東京オリンピック（夏季大会）が1964年に開催されました。この大会にはカナダ選手団も出場しており、ボート競技（種目：男子舵手《だしゅ》なしペア）での金メダルをはじめ、計４個（金１・銀２・銅１）のメダルを獲得しています。

れ、6歳のとき家族とカナダに渡ってきました。印刷職人見習いなどをしながら社会の貧困に関心を抱くようになり、神学と社会学を修めたのち牧師となります。その後、世界恐慌によって打撃を受けた社会の改良を目指してつくられた社会主義政党である協同連邦党（新民主党の前身）に加わり、連邦議員を経て、1944年にサスカチュワン州の首相になります。これは北米で初めての社会主義政権でした。1961年に新民主党の党首として連邦政界に復帰するまでの17年間の在任中に医療制度改革を進めます。そして、サスカチュワン州の医療制度をモデルとして、連邦と各州の間でメディケアが整備されていったのです。ただ、医療費は増加傾向にあり、その財源をめぐって医療費を負担する連邦政府と州政府が時に対立することもあります。

広がる国際交流

カナダ経済は堅調でしたが工場や企業の多くはアメリカの投資家の傘下《さんか》にあり、国内に流通する日用品や出版物もアメリカのものが大多数でした。この状況を変えようと、首相のトルドーは国内企業を育成するとともに、カナダ独自のナショナリズムを確立するため、現状の対米関係の維持（第一の選択）、アメリカとの一層の緊密化（第二の選択）のどちらでもない、外交を多角化する「第三の選択」を掲げます。

第三の選択の一環として、カナダは1970年には中国と国交を結びます。これはアメリカと中国の国交正常化（1979年）に先立ちます。

また、1952年にサンフランシスコ講和条約を結び、途絶えていた日本との国交が再開され、1954年に締結した日加通商協定によって両国間の貿易は活発になっていきます。さらにカナダは、日本の国連への加盟を積極的に支持しました。1970年代になると、カナダにとって日本はアメリカに次ぐ輸出相手国となります。カナダから日本には、菜種《なたね》、天然ガス、石炭、パルプなどが輸出され、日本からは乗用車、電気製品などが輸出されました。1974年には日本の首相だった田中角栄《たなかかくえい》がカナダを訪問し、経済協力についてトルドーと共同声明を発表しています。

1973年、中東のアラブ諸国がイスラエルとの戦争（第四次中東戦争）をきっかけに原油の値上げを断行したことで石油危機（オイルショック）が起こります。これを機に先進国間での経済協力が進み、1975年にアメリカ、フランス、イギリス、西ドイツ、日本、イタリアの6カ国による主要国首脳会議（サミット）が開催されました。翌年からはカナダも加えた参加国がグループ・オブ・セブン（G7）と呼ばれるようになり、カナダでは1981年にオタワで初めてG7が開催されます（オタワ・サミット）。

カナダの主要国首脳会議入りを提案したのは時のアメリカ大統領のフォードであり、アメリカ国務長官のキッシンジャーは「カナダはもはやマイナーなパートナーではない」と述べています。世界の政治・経済におけるカナダの存在感を認めていたのです。

1976年にはカナダで初めてのオリンピック開催となるモントリオール大会が、続いて1988年にはカルガリー大会が開かれます。両大会ともカナダ勢の金メダルの獲得はありませんでしたが、2010年のヴァンクーヴァー大会ではアイスホッケー、カーリング、フリースタイルスキーなどで好成績をあげ、14個の金メダルを含む合計26個のメダルを獲得し、ウィンタースポーツ大国として存在感を示します。

多文化主義の導入

戦後のカナダでは、人種や民族での少数派（マイノリティ）の地位向上を求める運動が盛んになります。その先駆者の1人としてヴァイオラ・アイリーン・デズモンドという女性がいます。ノヴァスコシア州出身で黒人の父親と白人の母親の間に生まれ、黒人女性向けの美容師を育成していましたが、1946年に映画館で白人専用の席に座ったところ、非白人席への移動をうながされたのを拒否して逮捕《たいほ》されます。法廷《ほうてい》で争ったものの、訴えは退《しりぞ》けられました。没後、カナダにおける人種差別反対運動に与えた影響が評価され、2010年に恩赦《おんしゃ》を受け、2016年には10カナダドル紙幣の肖像に採用されます。カナダの紙幣にイギリス王族以外で女性が描かれたのは初めてのことです。

1950年代後半からアメリカで黒人差別に反対する公民権運動が広がると、カナダを含めた先進国で人種・民族の平等を唱える声が高まります。

カナダの連邦議会は1960年に先住民の参政権を認め、同年8月には「カナダ権利章典」が制定され、人種、民族、宗教による差別の禁止が明記されました。ただし、その適用範囲は、連邦の権限がおよぶ分野に限られました。さらに政府は、「静かな革命」（くわしくは後述）を通じてカナダへの不満を募らせていたケベック州のフランス系との関係を改善するため、1963年に二言語・二文化主義委員会を設置して協議を重ね、1969年に公用語法を制定して英語とフランス語を連邦の公用語とします。ところが、二言語・二文化主義という考え方は予想外の反発を受けます。当時のカナダには英語とフランス語以外の言語を使う人が約30％いたのに、それらの人々を無視した形だったからです。たとえば、中西部にはウクライナ、ロシア、ポーランドほかの東欧の出身者が、太平洋沿岸部には日本、中国、インドほかのアジア系が多数いました。とりわけウクライナ系やドイツ系は、フランス系が配慮されていると不満をうったえました。

こうした状況に対処するため、1971年10月、トルドー首相は、連邦議会下院において、「二言語主義の枠内での多文化主義」を宣言し、英語とフランス語の公用語のもとで、さまざまな民族集団の文化を尊重しながら社会の統合をはかる方針を示します。これ以降、実施体制が整えられ、1988年には「カナダ多文化主義法」が成立します。

この間、カナダ社会の多民族化はますます進んでいきました。すでに1967年には、より多くの労働力を得る目的で、人種、民族による移民の制限を撤廃し、移民希望者の学歴、職歴、英語・フランス語の習得度などを点数化して選別する「ポイント制」を導入していましたが、1978年には「新移民法」によって人種差別や国別の割当が廃止されます。また、1977年には「新市民権法」が導入され、カナダ生まれの人もカナダに帰化した移民も同等の権利を持つことが定められるとともに、カナダ人をイギリス臣民とする定義はなくなりました。

1980年代以降はアジア系移民が急増します。主な出身国は、英語が公用語のインドとフィリピン、そして香港でした。香港は1997年にイギリスから中国へ返還されますが、その前後に多くの住民がカナダやアメリカに移住しました。先にふれたポイント制もあって高学歴のアジア系移民が増え、トロントやモントリオールなど東部の大都市で働くエリートのアジア系カナダ人が現れます。1999年10月には、香港出身のエイドリアン・ルイーズ・クラークソンが、アジア系で初のカナダ総督に就任しました。

カナダに居住する中国系の人々は150万を超えており、とくにブリティッシュ・コロンビア州最大都市のヴァンクーヴァーの人口の30%近くを占めています。

日系移民の地位向上

長い間、カナダにおける日系人の立場は弱く、第二次世界大戦中は多くの日系人がブリティッシュ・コロンビア州山間部の収容所に隔離されたり、財産を没収されたりしたことはすでに説明したとおりです（156ページ参照）。

ほかのカナダ人との衝突をおそれ、戦時中の待遇について沈黙《ちんもく》を守る日系人もいましたが、しだいに日系人以外の間でも戦時中の差別的な政策を批判する声が広がります。その結果、1988年にカナダ政府と全カナダ日系人協会（NAJC）との間で、戦時中の措置に関する損害賠償協定が成立し、不当にあつかわれた日系人の名誉が回復されました。

戦後の1948年6月には連邦で、1949年3月にはブリティッシュ・コロンビア州で、日系カナダ人に対して参政権が認められます。その背景には本間《ほんま》留吉《とめきち》という人物の存在がありました。千葉県出身の留吉は1887年（1882年とする説もあり）にカナダへ渡ると漁業に従事し、日系人の漁業団体を設立します。そのようななか、日系人に参政権がないことに憤《いきどお》り、私財を投げ打って法廷闘争に身を投じました。結局、留吉の存命中には実現しませんでしたが、その功績は大きく、留吉は「日系カナダ移民の父」と呼ばれるほか、ブリティッシュ・コロンビア州にはその栄誉をたたえ、彼の名を冠した公立学校があります。

　１９７０年代以降、多文化主義が定着していくとともに、カナダ社会で活躍する日系人が増えていきます。日系二世の作家ジョイ・コガワは戦時中の収容所体験をもとにした小説『Ｏｂａｓａｎ』（日本語訳タイトル『失われた祖国』）を発表し、カナダ人の注目を集めます。戦時中に収容所での教育に尽力したヒデ・ヒョウドウ・シミズは、教会での奉仕活動などが高く評価され、１９８２年にカナダ勲章を授与されました。

　２００３年には、戦前のカナダで日系人が結成した野球チームのバンクーバー朝日がカナダ野球殿堂《でんどう》博物館に殿堂入りします。バンクーバー朝日は、カナダ内のリーグのみならず、アメリカのインターナショナル・リーグにも出場して好成績を修めましたが、開戦の影響で１９４１年に解散しました。２０１４年には、このチームを題材にした映画『バンクーバーの朝日』が日本で公開されています。

　トロントのバータ靴《くつ》博物館、オタワのカナダ戦争博物館、日本のカナダ大使館などの設計を手がけた日系二世の建築家レイモンド・モリヤマは英米の建築家協会の名誉会員に選ばれ、１９８５年にカナダ勲章を受章しました。日系三世の生物学者で環境活動家のデービッド・スズキは、ブリティッシュ・コロンビア大学名誉教授で、カナダ放送協会（CBC）の科学テレビ番組『ザ・ネイチャー・オブ・シングス』でキャスターを長年務め、1986年にはユネスコが主宰《しゅさい》するカリンガ科学賞を受賞しました。

独立を唱えるケベック

カナダの変革が進むなかにあっても、ケベック州のフランス系住民の間ではカトリック教会の保守的な価値観が支配的であり、近代的な制度の導入が遅れていました。

そのような状況にあって1960年7月に州首相となったジャン・ルサージュは、電力会社を公営にして州内の電気料金を安定させたほか、公営の金融機関を設立して州内の企業を育成したり、公務員の労働条件を改善したりしました。さらに、州内の教育をカトリック教会から切り離し、年金制度や医療保険制度を充実させるなどの施策《しさく》を次々と導入します。一連のケベックにおける新政策は「静かな革命」と呼ばれます。

改革が進むにつれ、ケベック州の住民の間では昔ながらの地縁や血縁よりも、ケベック州自体に帰属意識を持つ地域主義（地域ナショナリズム）が浸透《しんとう》していきます。19

68年には、ルサージュのもとで州政府の要職を歴任したルネ・レヴェックを中心に、将来的なケベックの独立を唱えるケベック党が結成されました。

議会内で活動するケベック党とは別に、武力闘争を掲げる急進的なケベック解放戦線も結成され、カナダ政府と軍に対する過激なテロ事件を起こします。1970年にはイギリスの外交官ジェームズ・クロスと、ケベック州労働大臣のピエール・ラポルトを誘《ゆう》拐《かい》し、逮捕されたメンバーの釈放《しゃくほう》や人質の身代金《みのしろきん》を要求します。対して、連邦政府は戦時措置法を適用してFLQを鎮圧するための軍を動員しましたが、ラポルトは殺害されます。クロスを誘拐したグループはキューバに亡命した一方、ほかのメンバーの大部分は逮捕されました。この事件は「十月危機」と呼ばれ、FLQはケベック州民の支持を完全に失って壊滅します。

ケベック党は平和的な独立運動を呼びかけ、1976年11月の州議会選挙で勝利し、レヴェックが州首相となります。

レヴェックが州内の公用語をフランス語のみに定めると、一部のイギリス系住民は州外に転出しました。1980年5月には、ケベックが独立したうえでカナダと国家連合を形成するという案が住民投票にかけられ、結果は反対が約60%を占めます。反対派が優勢だったとはいえ、連邦政府もケベックの動きを無視できず、州と連邦政府の関係など憲法を見直す議論が進むことになります。

古くて新しい憲法

厳密にいうと、20世紀後半までカナダ独自の憲法は存在していませんでした。その代わりに、フレンチ・インディアン戦争後の1763年にイギリスが行った国王布告（56ページ参照）、1774年のケベック法（57ページ参照）、1867年の英領北アメリカ法（98ページ参照）などが、実質的な憲法の役割を果たしていました。そして、これらを改正するには、イギリス議会の承認が必要でした。

ケベックの独立問題をきっかけに憲法の見直しの協議が進みました。1982年3月、憲法改正の権限をイギリスからカナダに移譲することを定めた「1982年カナダ法」

がイギリス議会で成立し、これを受けて4月17日にオタワでエリザベス2世によって「1982年憲法」が公布されました。英領北アメリカ法は「1867年憲法」と改称され、1982年憲法と1867年憲法の2つがカナダの憲法の骨格となりました。したがって、まったく新しい憲法が制定されたわけではありません。

この憲法が成立して以降も、カナダは引き続き、イギリス国王を元首とする立憲君主国家であり、総督が国王の代理を務めます。しかし、行政、立法、司法は完全にイギリスから独立し〝イギリスの植民地〟という立場は終わりを迎えたのです。

1982年憲法の主な内容は次のとおりです。第1章「権利と自由の憲章」では、人種、民族、宗教、性別、精神的・身体的障害による差別を受けないという平等権の保証、英語とフランス語を公用語とし、英語

圏ではフランス語の、フランス語圏では英語の教育の権利がうたわれ、第2章ではインディアン、イヌイット、メイティを先住民と定義し、その権利が記されます。第5章では、憲法改正には、連邦議会の上・下院と、すべての州の3分の2以上の州議会の賛成（これらの州の人口の合計が総人口の半分に満たない場合は無効）が必要としました。

これに対して、ケベック州は州の独自性が失われることを危惧《きぐ》し、同州が「独特の社会」であることを憲法の前文に明記することや、最高裁判事の選出や移民の受け入れなどに関して州の意向を反映させることを要求しました。ケベック州の要求に対し、連邦政府は各州政府と協議を重ね、１９９２年にはケベック州を「独特の社会」と認める条項、各州議会の権限拡大、先住民の自治権などの要素を取り入れた憲法の修正案がつくられました。しかし、これは国民投票で否決されたことから、２０２４年1月時点でも、ケベック州は１９８２年憲法を承認していません。

また、ケベック州ではフランス語を州の公用語としています。それ以外の大部分の州は、州内での公用語を英語のみとしていますが、ニューブランズウィック州は旧仏領のアカディア（38ページ参照）を含むことから、州内では英語とフランス語の両方を公用語としています。

先住民との関係改善

多文化主義の導入以降、先住民より権利の改善を求める声が高まると、政府がそれに応えるようになります。たとえば1975年には、ジェームズ湾（13ページの地図を参照）沿岸での水力発電ダムの建設に際し、ケベック州政府および連邦政府との協議の結果、同地に住むクリー族らの土地の権益が保証され、1984年には自治政府の発足が認められました。その前年の1983年には連邦政府と各州の代表者が集まり、先住民に関する問題を議論する会議が開かれ、先住民の自治権を認める方針が決定されます。

19世紀に成立したインディアン法（117ページ参照）も改正されます。それまでは先住民の女性がヨーロッパ系の移民などと結婚した場合は夫の一族に属し、先住民としての権利を失っていましたが、この改正によって結婚後も先住民と見なされるようになったのです。

改革が進んでもなお、先住民との衝突は完全にはなくなりませんでした。1990年にはモントリオール近郊のオカという地で、現地に住むモホーク族が大規模な抗議運動を起こしました。町立のゴルフ場の拡張工事の予定地に、かねてよりモホーク族が所有権請求を行ってきた先祖からの土地が含まれていたためです。モホーク族と警官隊の衝突により死者も出て、連邦政府は陸軍を動員して抗議運動を鎮圧します。

この事件のあと、連邦政府は先住民に関する調査委員会を発足させました。委員会ではとくに、19世紀末から教会が運営していた各地の先住民寄宿学校において、多くの生徒が先住民の言語や習慣を強引にやめさせられたほか、虐待《ぎゃくたい》を受けて命を落とした生徒がいたことが問題となります。連邦政府は2008年に、寄宿学校をはじめとする過去の政策に対して謝罪《しゃざい》するとともに、先住民との関係改善をはかる声明を出しました。その後に設置されたインディアン寄宿学校真実和解委員会（TRC）が実態調査を行い、2015年に問題解決に向けた提言を示しました。これを受けて、先住民の地位向上をはかるさまざまな政策が進められています。なお、州レベルでは、カナダ初の先住民の首相が2023年10月にマニトバ州で誕生しました。州首相のワブ・カヌーです。

連邦政府と北部地域に住むイヌイットとの間では、土地の権益に関する交渉が199

0年代に進められ、1999年4月にはノースウェスト準州の東部を分割して「ヌナブト準州」が新たに成立しました。この準州は実質的にイヌイットが行政の主体となる自治政府であり、「ヌナブト」とはイヌイットの言葉で「われわれの大地」を意味します。こうして2023年時点において、10州、3準州という行政区画が存在しているのです（13ページの地図を参照）。

変化する対外関係

1984年5月には首相トルドーの推薦《すいせん》によって、元下院議長のジャンヌ・ソヴェが女性で初のカナダ総督になります。ところが、1970年代のオイルショック以来の経済の低迷によって、同年9月の総選挙で自由党は敗れてトルドー政権は下野しました。トルドーは多文化主義や連邦制の維持など、現在のカナダ政治の指針を示したほか、寛容な移民政策、刑法改正による中絶や同性愛の合法化なども手がけています。2000年に死去しますが、その功績からカナダの人々が最も尊敬する政治家の1人であり、2004年には出身地であるモントリオールの国際空港が「モントリオール・ピエール・

エリオット・トルドー国際空港」と改称されました。

新たに首相に就任した進歩保守党のブライアン・マルルーニは、アメリカとの関係を強化して経済の改善をはかります。１９８９年にはアメリカとの間で相互の関税引き下げと、企業進出の制限を撤廃する「米加自由貿易協定」が結ばれました。さらに１９９２年には、メキシコも加えた３カ国による「北米自由貿易協定」（ＮＡＦＴＡ《ナフタ》）が成立します。こうした施策により、１９８８年から１９９７年までの間にアメリカとの貿易額は輸出入とも２倍以上になりました。２０２０年にはこのＮＡＦＴＡに代わり、「アメリカ・メキシコ・カナダ協定」（ＵＳＭＣＡ《ユーエスエムシーエー》）が結ばれます。北米３カ国以外の国・地域との自由貿易を抑えて自国製品（北米３カ国でつくる製品）を優遇するための協定で、原産地規定が改められ、製品に占める外国製部品の割

そのころ、日本では？

給与所得への税負担が増していたことから、それまでの所得税を中心とした税体系の見直しが、長年、議論されていました。国民が広く公平に税を分かち合うためとして、竹《たけ》下登《したのぼる》内閣のもとで消費税法は成立し、1989年に間接税である消費税（３％）が初めて導入されました。

合が低く抑えられました。

マルルーニ政権で国防大臣を務めたキム・キャンベルは、１９９３年6月に首相の座を継ぎ、カナダ初の女性首相となります。しかし、同年10月の総選挙では、１９９１年に結成された政党ブロック・ケベコワ（ケベック連合）、１９８７年に結成された西部地域の利権を代表するカナダ改革党が議席を伸ばしたことで進歩保守党は大敗し、自由党のジャン・クレティエンが首相に就任しました。

このころ国際社会では自由貿易の拡大が議論されており、クレティエン政権期の１９９５年に発足した世界貿易機関（ＷＴＯ）に、日本やアメリカ、欧州連合（ＥＵ）ほかの国々とともに原加盟国としてカナダは参加しました。

これに前後する時期、１９８０年代後半にソ連が導入した諸改革（ペレストロイカ）をきっかけに東欧の諸国で民主化が進み、１９９１年にソ連が解体して冷戦構造が終わりを迎えると、カナダは軍を縮小し、ＮＡＴＯの一員としてヨーロッパに駐留させていた部隊を撤収させます。その一方で、国連を中心とする「多国間主義」を掲げ、国連平和維持活動への参加は続けられました。１９９７年にはカナダ政府の主導によって対人地雷禁止条約（オタワ条約）が成立し、2020年5月時点でカナダや日本を含む164カ国が署名しています。

2001年にアメリカでイスラーム過激派組織アルカイダによる同時多発テロが起こると、カナダはアルカイダ幹部が潜伏《せんぷく》するアフガニスタンに軍を派遣し、2011年まで駐留を続けます。アルカイダとの関連と核兵器の保有を疑われ、2003年にイラクが国連の調査を受けると、その調査結果が出ないうちにアメリカはイラクに侵攻します（イラク戦争）。このときカナダは国連中心の立場からアメリカに同調せず、軍を派遣しませんでした。

政府と各州の対立

1995年10月、カナダからの独立を問う住民投票がケベック州で再び実施されます。ケベック州以外の人々にとっても、カナダの将来を左右しかねない住民投票への関心は非常に高く、カナダ各地から大勢の人々がケベック州に押し寄せ、カナダの結束をうったえました。結果は独立賛成が49・4％、独立反対が50・6％とわずかな差で反対派が上回ります。賛成票と反対票の差はわずか5万票で、カナダの分裂が避けられたのです。

この結果からは、ケベック州がもはやフランス系住民のみで結束しているわけではなく、アジアや中南米などを出身地とする多様な住民が増加していることも明らかとなりました。それでも、引き続きケベック州内では将来的な独立を目標とするケベック党が州議会で多数を占め、ブロック・ケベコワが連邦議会で一定の議席を維持しました。

連邦政府はケベック州住民の選択のみで独立を認めることが憲法に合致《がっち》しているかを最高裁判所の判断にゆだねます。1998年に最高裁判所は、住民投票の結果のみで独立を認めることは憲法に反するが、連邦政府とほかの州は、住民投票の結果を反映した交渉に応じる義務があると回答しています。

なお、ケベック州の独立に反対するケベック自由党が、2014年にケベック州議会で第1党となりましたが、2018年から2024年1月時点まで、移民の抑制を公約に掲げるケベック未来連合が第1党となっています。

ケベックの問題に限らず、カナダ内の地域・民族の関係は、もはやイギリス系とフランス系の対立だけで語れない状態で、フランス系も一枚岩ではありません。ニューブランズウィック州の住民の約30％はフランス語を話しますが、ケベック州で使われるフランス語と細部が異なり、ケベック州とはまた別の独自の地域性があります。

西部地域のアルバータ州、ブリティッシュ・コロンビア州も、ケベック州とは別の立場で連邦政府との摩擦を抱えています。カナダでは、オンタリオ州とケベック州の人口が国の総人口の半分以上を占めています。だからといって、この東部2州が政治の主導権を握ることは西部の諸州にとって長年の不満でした。さらに、連邦政府がケベック州の独立志向に対応するため協議や提案を行うことを、ケベック州を優遇しているとみなす人々もいます。

加えて、アメリカ中西部から移住してきた住民が多くいるカナダの中西部の諸州では、カナダ東部の諸州よりもアメリカ中西部に親近感を抱く住民も少なくありません。こうした背景から、アルバータ州では主に西部地域の利権を代弁するカナダ改革党が勢力を伸ばし、連邦政府の権限の縮小、多文化政策の見直しなどを強くうったえます。のちにカナダ改革党はほかの保守派議員と合流してカナダ同盟と改組し、２００３年には進歩保守党と統合して、カナダ保守党を結成します。

世界のなかのカナダ人

20世紀の後半以降には、世界的に高い注目を集めるカナダ人が次々と登場します。トロント生まれのニール・ヤングは世界的ロックシンガーとして知られ、アメリカ中西部の伝統的なフォークやカントリー、黒人音楽のソウルといった要素を取り入れ、1970年代には『ハーヴェスト』をはじめとするアルバムを発表しました。同じく歌手のセリーヌ・ディオンはケベック州、アヴリル・ラヴィーンはオンタリオ州の出身です。

俳優のダン・エイクロイドは、トロントでの活動を経て1970年代にアメリカに移り、映画『ブルース・ブラザーズ』や『ゴーストバスターズ』などの作品に出演し、人気を博しました。アルバータ州出身のマイケル・J・フォックスも1970年代からアメリカで俳優として活動し、映画『バック・トゥ・ザ・フューチャー』シリーズなどで、世界的なスターとなります。オンタリオ州出身のジム・キャリーは映画『マスク』で主演を務めて一躍《いちやく》有名になったほか、さまざまな分野で活躍しています。

小説家のアリス・マンローは、さまざまな女性の生き方をつづった『イラクサ』『善《よ》き女の愛』『木星の月』ほかの短編小説集を刊行し、アメリカやヨーロッパでも高い評価を受け、2013年にノーベル文学賞を受賞しました。マーガレット・アトウッドも現代カナダを代表する作家として名高く、男尊女卑的な世界を風刺した『侍女《じじょ》の物語』は映画化されて話題を呼び、主人公の一族と20世紀のカナダの歴史を絡めた『昏《くら》き目《め》の暗殺者』は海外の多くの文学賞を受賞しています。

実業家のジム・バルシリーは、1984年に通信機器メーカーのRIM《アールアイエム》を創業し、2010年代前半、同社の端末「ブラックベリー」のユーザーは世界で約5000万人にもおよび、初期のスマートフォン市場を牽引《けんいん》する企業となりました。ほかに日本でも馴染《なじ》みのあるカナダの企業といえば、モントリオールに本部を置く航空機メーカーのボンバルディア、トロントに本社を置く金融サービスグループのマニュライフ・ファイナンシャル・コーポレーション傘下のマニュライフ生命などがあります。

共生と未来への課題

2015年11月、1960~80年代に首相を務めたピエール・トルドーの息子ジャスティン・トルドーが首相に就任します。所属は父と同じく自由党で、かねてより党内では多文化主義の推進に取り組んでおり、多様性を重視する立場から性的マイノリティの権利拡大、先進国では初となる大麻《たいま》使用の合法化などを進めました。また2021年7月には、メアリー・サイモンが先住民（イヌイット）で初めて総督になります。

ジャスティン・トルドー政権では、多くの国との協調関係も強化されます。2010年代にはシンガポール、ベトナム、オーストラリア、ペルー、チリ、日本など太平洋に面する諸国の自由貿易を促進するため、「環太平洋《かんたいへいよう》パートナーシップ協定」（ＴＰＰ）の交渉が進められ、途中でアメリカが脱落したのち、2018年にカナダも含めた11カ国によって発効しました。これによりカナダは、南北アメリカ大陸だけでなく、アジア、オセアニアも含めた広い経済圏の一員となったのです。

2022年の段階でアメリカへの輸出は約77％、同じく輸入は約49％と、依然《いぜん》として大きな割合を占めますが、ＴＰＰへの参加もあって、ほかの国々との経済的なつながりは広がりつつあります。アメリカに次ぐ貿易相手国の上位は、輸出では中国、イギリス、日本、メキシコ、輸入では中国、メキシコ、ドイツ、日本です。

２０２２年6月には、カナダとデンマーク領グリーンランドの間に位置し、１９７０年代から領有を争っていた無人島のハンス島（13ページの地図を参照）について、カナダ、デンマーク両国は、島を分割して領有することで平和的に決着させました。ハンス島をめぐる領土問題の背景には、21世紀に入って以降、地球温暖化によって北極圏の氷が減少しており、北極海を通じて太平洋と大西洋を結ぶ北西航路の重要性が高まっていることがあります。ロシアに対する軍事的な防備の面でも、世界の海上交通の面でも、今やカナダは重要な地域となっているのです。

２０２２年11月には、少子高齢化による労働力不足を背景に、２０２５年までに年間50万人の移民を受け入れる方針を発表しました。カナダの人口は約３７００万人であり、すでに国民の４人に１人が外国出身者といわれます。今後はさらに国民の多様化が進むと考えられ、人種、民族間の摩擦といった問題を懸念する声もあります。それでもカナダは多文化・多国間主義を尊重し、さまざまな課題と向き合いながら、多文化共生社会としての発展をやめることはないでしょう。

知れば知るほどおもしろいカナダの偉人⑥

難病と闘った義足のランナー

テリー・フォックス

Terrance Fox

（1958～1981）

死後もその意志が国民に広がる

カナダでは例年９月、がん治療のための基金を集める「テリー・フォックス・ラン」というマラソンのチャリティ・イベントが行われ、多くの人々が参加しています。

そのきっかけをつくったのがテリー・フォックスです。少年期からスポーツが得意でしたが、1977年にがんの一種である骨肉腫《こつにくしゅ》をわずらい、右足を切断しました。しかし障害にめげることなく、同じ病で苦しむ人のための寄付金を集めるイベントとして、カナダを横断する「希望のマラソン」を開始します。義足で毎日42kmを走り国民的な注目を受けますが、症状の悪化により約３分の２を走破したところで中断し、翌年に死去しました。

テリーの死後、その意志はチャリティ・イベントの形で引き継がれ、集まった寄付金は７億カナダドルを超えています。2005年にはその功績を記念して、１カナダドル硬貨《こうか》が発行されました。

ひみつコラム

カナダの国旗と国歌

イギリスからの独立を象徴している

自治領が成立した直後の１８６８年まで、カナダはイギリスの国旗を掲げていました。それ以降は、赤地の左上にイギリス国旗（ユニオン・ジャック）を配置したイギリス商船旗（レッド・エンサイン）に、イングランドほかの紋章《もんしょう》と、カナダを象徴する植物のメープル・リーフ（カエデの葉）などを描いた盾を組み合わせたものが使われます。

しかし、フランス系住民を中心にカナダ独自の国旗の制定を求める声は少なくありませんでした。１９５６年のスエズ戦争（第二次中東戦争）への参加（１６７ページ参照）と、自治領成立１００周年の節目を機に本格的に国旗の変更が検討されていきます。

連邦議会は国民から寄せられた数千もの案をもとに議論を重ねました。なかには時の首相ピアソンが支持した案（ピアソン・ペナント）もありましたが、旗が垂《た》れている際、フランス国旗（青白赤の３色）と区別しにくいなどの理由で採用されませんでした。

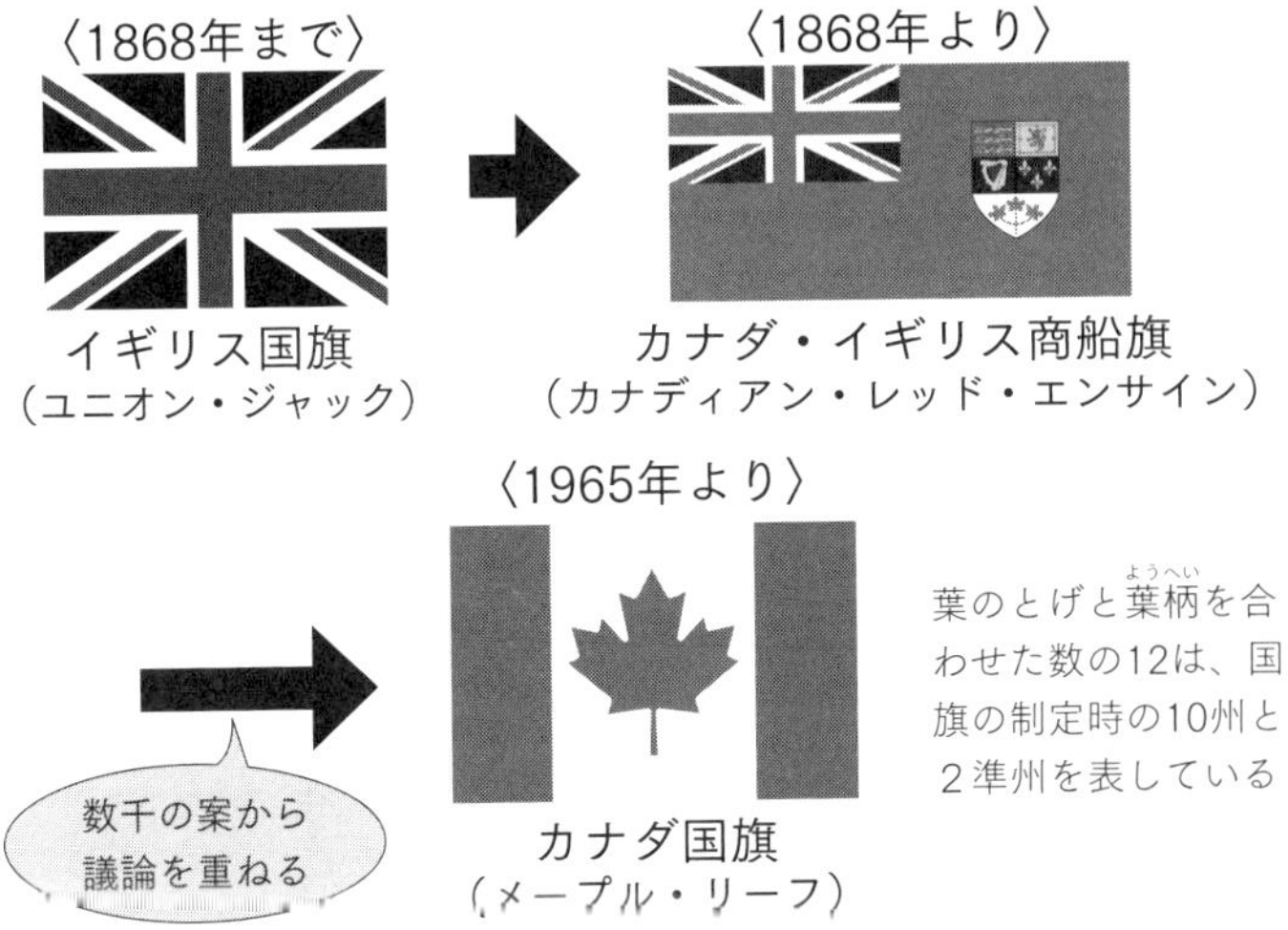

１９６５年に最終的に決定したデザインは白地の上に赤く染まった1枚のメープル・リーフを中央に配置し、左右の赤い部分は国土の東西に広がる太平洋と大西洋を示します。

国歌も当初はイギリスの国歌が使われていましたが、１９８０年に「おおカナダ」が正式に採用されます。もとはフランス系のカリクサ・ラヴァレが１８８０年に作曲し、ケベックの住民に愛されていた歌です。１９０８年には英語版の訳詞《やくし》がつくられて広まりました。英語版もフランス語版も冒頭は「おおカナダよ、われらが故郷」という歌詞ですが、途中で英語版は「愛国心」、フランス語版は「信仰」という語句が使われるなど、少し異なります。

カナダ社会の移り変わり

時代	社会		出来事
先史〜15世紀	先住民社会		← 大航海時代
16世紀〜1763年	イギリス植民地	フランス植民地	← 大航海時代 ← 英仏戦争
1763年〜1867年	イギリス植民地		← アメリカ独立戦争 ← アメリカ南北戦争
1867年〜現在	自治領 ↓……移民 独立国家		← 第一次・第二次世界大戦

⬇

先住民＋（フランス系＋イギリス系）＋移民＝多民族化

〈カナダの民族構成〉 ※カナダの国勢調査（2016年）を参考に作成

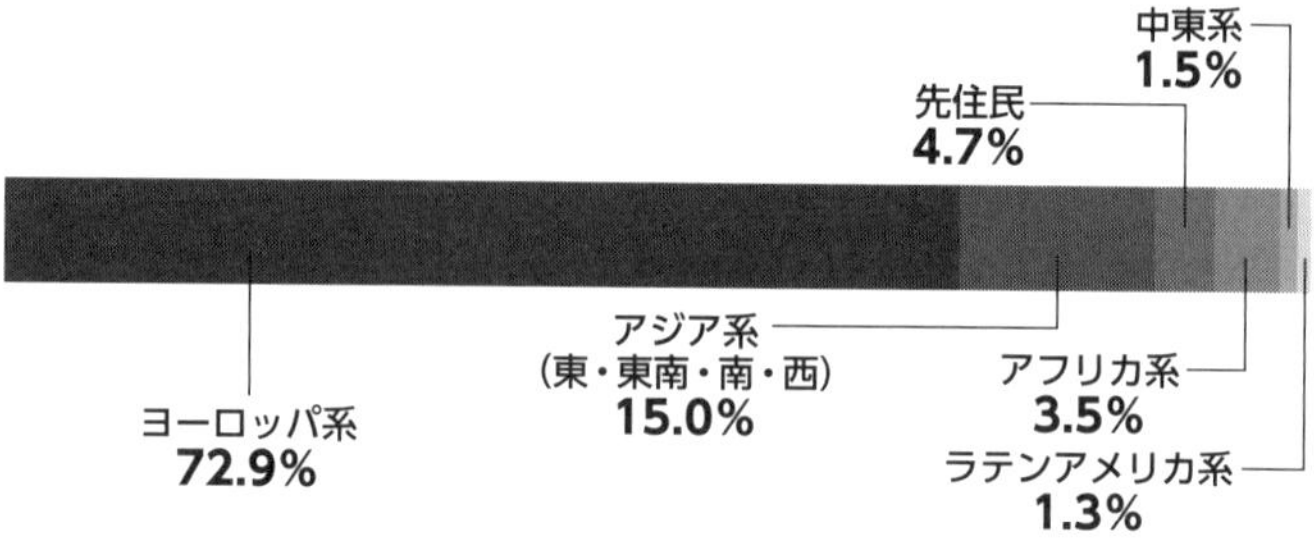

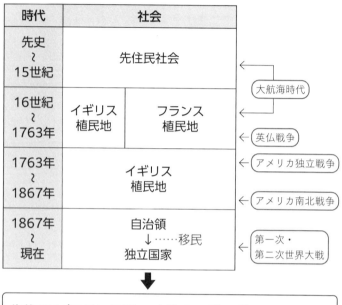

カナダの植民地・州の移り変わり（地域別）

16～17世紀	ヌーヴェル・フランス		アカディア（フランス領）	※未開拓	ニューファンドランド
18世紀	ヌーヴェル・フランス		アカディア（フランス領）	ルパーツランド	ニューファンドランド
1763年	ケベック		沿海諸植民地 ※1	ルパーツランド	ニューファンドランド
1791年	アッパー・カナダ	ロワー・カナダ	沿海諸植民地 ※2	ルパーツランド ※3	ニューファンドランド
1841年	連合カナダ植民地（西カナダ）	（東カナダ）	沿海諸植民地	ルパーツランド ※4	ニューファンドランド
1867年	オンタリオ州（ON）	ケベック州（QC）	沿海諸州 ※5	ルパーツランド ※6	ニューファンドランド
現在	ON	QC	NS、NB PEI ※7	NT、MB AB、SK ※8 BC、YT、NU ※9	NL ※10

※1……1769年にセントジョン島がノヴァスコシアから分離。
※2……1784年にノヴァスコシアから分離してニューブランズウィックが成立。1799年にセントジョン島がプリンスエドワード島に改称。
※3……1811年にレッドリバーが成立。
※4……1866年にブリティッシュ・コロンビアとヴァンクーヴァー島が合併。
※5……ノヴァスコシア州（NS）とニューブランズウィック州（NB）が成立。
※6……1868年にノースウェスト準州（NT）が成立。1870年にレッドリバーからマニトバ州（MB）が成立。
※7……1873年にプリンスエドワード島州（PEI）が成立。
※8……NTから分離したアルバータ州（AB）とサスカチュワン州（SK）が1905年に成立。
※9……1871年にブリティッシュ・コロンビア州（BC）、1898年にユーコン準州（YT）、1999年にヌナブト準州（NU）が成立。
※10……1949年にニューファンドランド州が成立し、2001年にニューファンドランド・ラブラドール州（NL）と改称。

カナダの歴史 年表

この年表は本書であつかったカナダを中心につくってあります。

下段の「世界と日本のできごと」と合わせて、理解を深めましょう。

年代	カナダのできごと	世界と日本のできごと
1000年ごろ	レイフ・エリクソンがニューファンドランド島に到達	世界 澶淵の盟（1004）
1497	ジョン・カボットが北米大陸の東岸に到達	日本 明応の政変（1493）
1583	ニューファンドランド島がイギリス初の植民地に	日本 本能寺の変（1582）
1608	シャンプランがケベック・シティを建設	日本 琉球に侵攻（1609）
1663	ヌーヴェル・フランスがフランス国王の直轄地に	世界 イギリスで王政復古（1660）
1763	ヌーヴェル・フランスがイギリス領に	世界 『社会契約論』が発表（1762）
1774	ケベック法が成立	世界 アメリカ独立宣言（1776）
1791	カナダ法が成立	日本 ラクスマンが来航（1792）
1818	英米の協定により一部を除いて国境が画定	世界 ワーテルローの戦い（1815）
1841	連合カナダ植民地が成立	日本 天保の改革が開始（1841）

1846	オレゴン条約により太平洋岸までの国境が画定	世界 テキサス併合（1845）
1864	シャーロットタウン会議とケベック会議が開催	日本 禁門の変（1864）
1865	首都がオタワに	世界 南北戦争が終結（1865）
1867	英領北アメリカ法が成立（カナダ自治領が誕生）	日本 大政奉還（1867）
1885	カナダ初の大陸横断鉄道が完成	日本 大日本帝国憲法が公布（1889）
1920	発足した国際連盟の原加盟国に	日本 日英同盟が破棄（1921）
1931	ウェストミンスター憲章が成立（事実上の独立）	世界 スペイン革命（1931）
1945	発足した国際連合の原加盟国に	日本 ポツダム宣言を受諾（1945）
1946	カナダ市民権法が成立	世界 インドが分離・独立（1947）
1949	ニューファンドランドがカナダに編入（現在の10州に）	世界 朝鮮戦争が勃発（1950）
1960	ケベック州で「静かな革命」が始まる	日本 日米安保条約が改定（1960）
1967	ポイント制の導入（人種・民族による移民制限の撤廃）	世界 ヨーロッパ共同体が発足（1967）
1971	多文化主義を宣言	日本 沖縄が返還（1972）
1982	1982年憲法が公布	世界 イラン・イラク戦争（1980）
1999	ヌナブト準州が成立（現在の行政区画に）	世界 単一通貨ユーロの導入（1999）

参考文献

『カナダの歴史がわかる25話』細川道久 著（明石書店）

『カナダの歴史を知るための50章（エリア・スタディーズ156）』細川道久 編著（明石書店）

『新版 世界各国史23 カナダ史』細川道久、吉田健正 著、木村和男 編（山川出版社）

『シンボルから読み解くカナダ–メープル・シロップから「赤毛のアン」まで』マイケル・ドーソン、キャサリン・ギドニー、ドナルド・ライト 編著、細川道久 訳（明石書店）

『カナダ・ナショナリズムとイギリス帝国』細川道久 著（刀水書房）

『「白人」支配のカナダ史 移民・先住民・優生学』細川道久 著（彩流社）

『ニューファンドランド いちばん古くていちばん新しいカナダ』細川道久 著（彩流社）

『新版 史料が語るカナダ 1535－2007 16世紀の探険時代から21世紀の多元国家まで』日本カナダ学会 編（有斐閣）

『カナダ先住民の世界 インディアン・イヌイット・メティスを知る』浅井晃 著（彩流社）

『カナダ 北西海岸の先史時代』関俊彦 著（六一書房）

『カナダ 北西海岸域の先住民』関俊彦 著（六一書房）

『ヴァイキングの考古学』ヒースマン姿子 著（同成社）

『地図から消えた国、アカディの記憶』大矢タカヤス、ヘンリー・ワズワース・ロングフェロー 著（書肆心水）

『ケベックとカナダ 地域研究の愉しみ』竹中豊 著（彩流社）

『「赤毛のアン」の島 プリンスエドワード島の歴史』D・ボールドウィン 著、木村和男 訳（河出書房新社）

『カナダ 歴史街道をゆく』上原善広 著（文藝春秋）

『鉄道の世界史』小池滋、青木栄一、和久田康雄 著（悠書館）

『オリンピックでよく見るよく聴く国旗と国歌』吹浦忠正、新藤昌子 著（三修社）

『地球の歩き方 カナダ 2020年～2021版』（ダイヤモンド社）

『世界伝記大事典』（ほるぷ出版）

『原爆 私たちは何も知らなかった』有馬哲夫 著（新潮社）

[監修]
細川道久（ほそかわ・みちひさ）
1959年、岐阜県生まれ。東京大学文学部、同大学院人文科学研究科博士課程を経て、鹿児島大学教授。博士（文学）。主な著書に『カナダの自立と北大西洋世界』（刀水書房、第1回日本カナダ学会賞）、『カナダ・ナショナリズムとイギリス帝国』（刀水書房）、『カナダの歴史を知るための50章』（編著、明石書店）、『駒形丸事件』（共著、筑摩書房）などがある。

編集・構成／造事務所
ブックデザイン／井上祥邦（yockdesign）
文／佐藤賢二
イラスト／suwakaho
写真／〈p4〉Ceri Breeze/shutterstock.com、
〈p7〉Songquan Deng/shutterstock.com、〈p9〉paparazzza/shutterstock.com

世界と日本がわかる　国ぐにの歴史

一冊でわかるカナダ史

2024年2月18日　初版印刷
2024年2月28日　初版発行

監　修　細川道久

発行者　小野寺優
発行所　株式会社河出書房新社
〒151-0051
東京都渋谷区千駄ヶ谷2-32-2
電話03-3404-1201（営業）
03-3404-8611（編集）
https://www.kawade.co.jp/
組　版　株式会社造事務所
印刷・製本　TOPPAN株式会社

Printed in Japan
ISBN978-4-309-81120-8

「世界と日本がわかる 国ぐにの歴史」シリーズ